PIERRE BERLOQUIN

L'OFFICIEL DES ÉNIGMES

SPÉCIAL ENQUÊTES POLICIÈRES ET ESPIONNAGE

307 casse-têtes, jeux de logiques et codes secrets

FIRST Editions

L'Officiel des énigmes - Spécial enquêtes policières et espionnage

60, rue Mazarine
75006 Paris – France
Tél. 01 45 49 60 00
Fax 01 45 49 60 01
Courriel : firstinfo@efirst.com
Internet : www.editionsfirst.fr

ISBN : 978-2-7540-3962-8
Dépôt légal : octobre 2012
Imprimé en France
Chez Pollina - L61539

Éditeur : Benjamin Ducher
Illustrations : Denis Dugas
Créations typographiques : Juan Casco, Denis Dugas, Pierre Berloquin
Mise en page : Didier Guiserix, Pierre Berloquin
Couverture : Étienne Hénocq

Bienvenue dans cette saga ludique des grands espions et des grands policiers et enquêteurs.

Ces hommes et ces femmes revivent ici à travers des énigmes suggérées par leurs vies et leurs exploits. Ce sont tous des personnages mythiques. Certains ont réellement et physiquement vécu les aventures héroïques qui leur ont donné une dimension inoubliable. D'autres se disputent leur place dans notre imagination, grâce au talent de créateurs qui ont su leur construire des vies romantiques idéales.

Ces héros ont en commun la pratique quotidienne du secret, qu'ils soient enquêteurs pour le percer, ou espions pour l'épaissir. Ce secret les fait vivre dans une énigme permanente et leur fait mériter leur place dans ce livre.

Un outil privilégié du secret est le code, qui s'emploie aussi bien à dissimuler les correspondances diplomatiques qu'à communiquer avec les anges et les extraterrestres. Le code est donc le ressort de nombreuses énigmes qui suivent et qui vous feront pratiquer la lecture de symboles bien éloignés des 26 lettres de notre alphabet.

Pour être énigmatique, l'action est toujours présente car les héros sont dans l'aventure permanente. L'action est purement virtuelle quand Hildegarde gère son réseau sans jamais sortir de sa cellule. Elle est plus souvent courageuse et à haut risque, lorsque Philippe Rondot exfiltre des agents ennemis hors de territoires hostiles.

Soyez donc prêts à affronter ces énigmes avec votre courageuse logique personnelle.

Pierre Berloquin

Énigmes, mode d'emploi ★

Dans cet ouvrage, le texte principal de chaque jeu met en avant une anecdote ou un trait de personnalité du personnage qui compte dans sa vie et prête à énigmes.

Le titre (ci-dessus), s'adjoint 1, 2 ou 3 étoiles selon la difficulté de l'énigme.

La puce vous présente la règle, la méthode ou un conseil.

Ce rectangle vous pose, ou vous rappelle, la question.

...et ces quelques lignes vous invitent à noter vos idées et hypothèses pour ne pas perdre le fil si l'on vous dérange dans vos réflexions.

Sommaire

La musique d'Hildegarde ★

Espionnait-elle les anges pour ce bas monde ou ce bas monde pour les anges ? Hildegarde correspondait avec les anges en code chiffré, comme les ambassadeurs avec leurs États.
Utilisant tous les moyens pour s'exprimer, Hildegarde composait de la musique. Pour quel « instrument » écrivait-elle ?

Suivez les faces qui se touchent.

Quelle musique ?

choeur

L'ordre d'Hildegarde ★

Éduquée dès sa tendre enfance dans un couvent, Hildegarde a appartenu toute sa vie à un ordre de religieuses.

- Carmélites
- Bénédictines
- Adoratrices
- Auxiliatrices
- Clarisses
- Cisterciennes
- Dominicaines
- Filles du Calvaire
- Marianites
- Assomptionistes
- Orantes
- Servites
- Ursulines
- Visitandines

Son ordre ne peut s'écrire avec ces 25 lettres.

Quel est l'ordre d'Hildegarde ?

Le code d'Hildegarde ★★

Communiquer avec les anges était une activité incontournable au temps d'Hildegarde. Pour plus d'efficacité, elle avait construit, sans doute avec leur collaboration, son propre code.

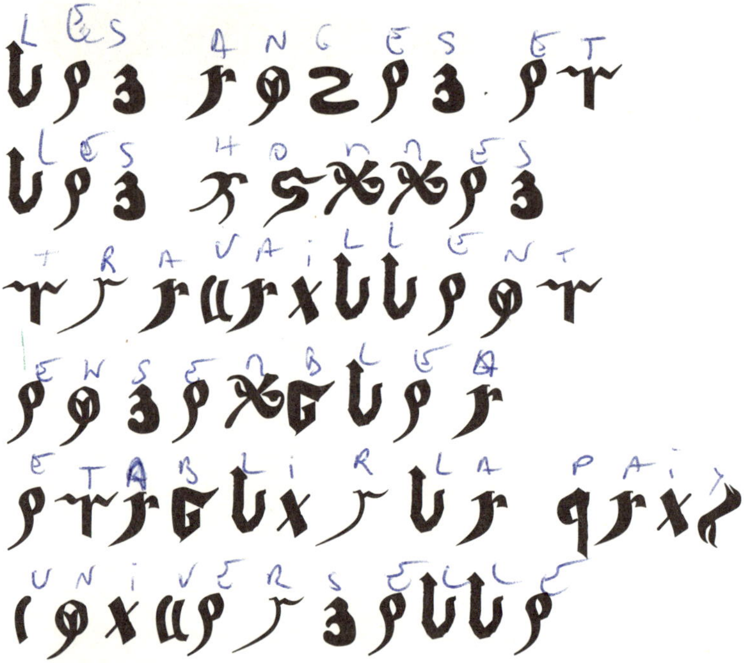

Utilisez l'alphabet des correspondances.

Que dit Hildegarde ?

A	=	
B	=	
C	=	
D	=	
E	=	
F	=	
G	=	
H	=	
I	=	
J	=	
K	=	
L	=	
M	=	
N	=	
O	=	
P	=	
Q	=	
R	=	
S	=	
T	=	
U	=	
V	=	
W	=	
X	=	
Y	=	
Z	=	

Rayonnant de sa cellule ★

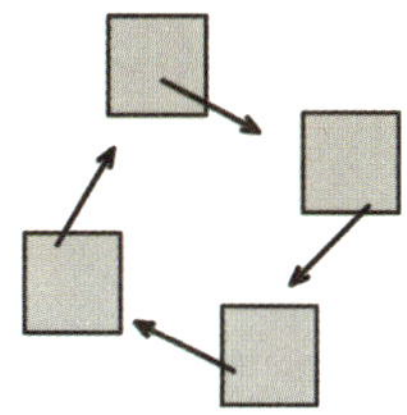

Dans ses visions, imaginait-elle dès le douzième siècle, les ondes qui permettraient au vingtième siècle de rayonner dans le monde entier à partir d'une cellule monastique ?

Suivez les parcours des carrés.

Que dessinent les carrés déplacés ?

L'autre art d'Hildegarde ★

Hildegarde pratiquait et maîtrisait un autre art que le dessin et la musique.

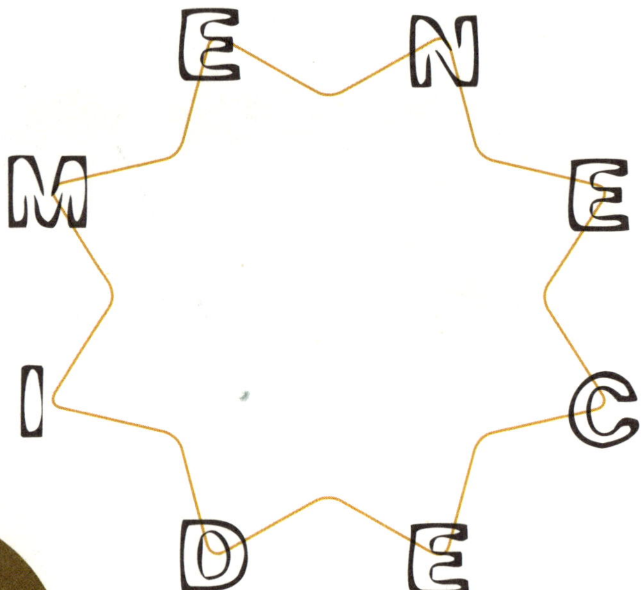

Sautez régulièrement de 1, 2, 3 lettres ou plus à partir d'une lettre bien choisie.

Quel art ?

medecine.

Un ange passe ★

L'aile d'un ange venu converser avec Hildegarde cache une partie de cette rencontre de droites.

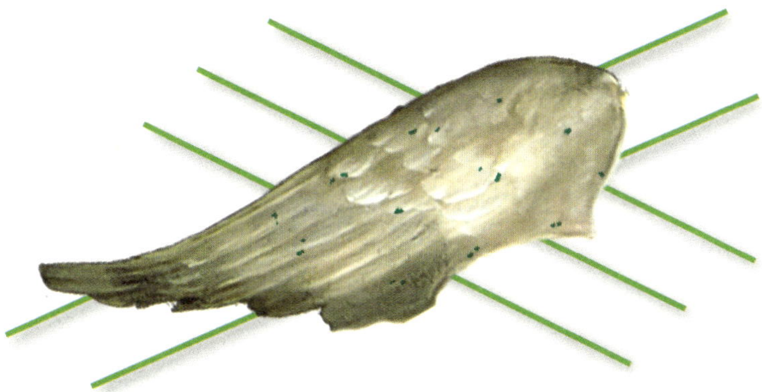

Les droites se poursuivent sous l'aile.

Combien de zones sont créées par la figure ?

12

La cordelière ★

La cordelière que porte Hildegarde autour de son vêtement est tombée à terre. Est-elle nouée ou en une simple boucle ?

Suivez les courbes de la cordelière.

Est-elle nouée ?

simple boucle

Le compte des anges ★

Le mot ANGE peut se lire ici de manières différentes.

AE

ANGE

EGNA

EA

Lisez en suivant les lettres qui se touchent.

Combien d'anges ?

15

Hildegarde « new age » ? ★

Ses paroles semblent très contemporaines, comme si elles venaient des mouvements « new age ».

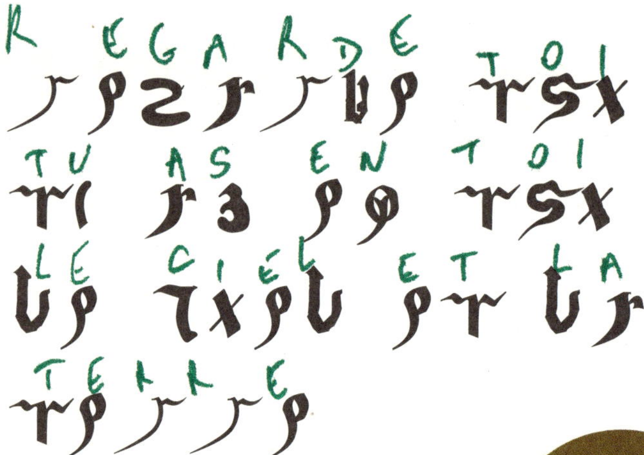

Utilisez l'alphabet ci-contre.

Que dit Hildegarde ?

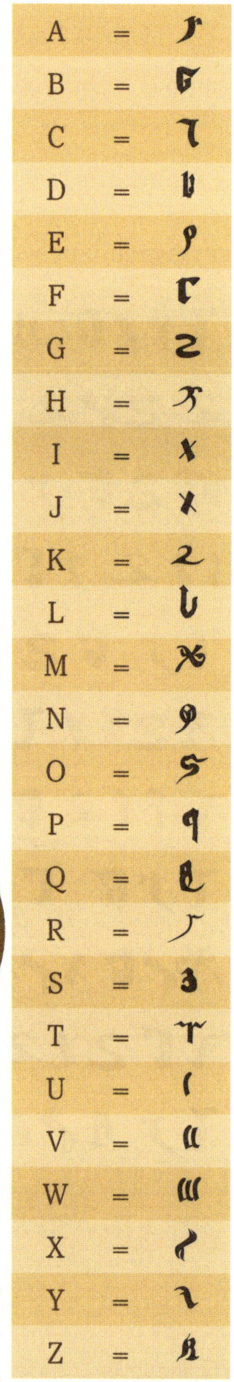

Hildegarde écologiste ? ★★★

Ici aussi Hildegarde est très contemporaine. Découvrez ce texte codé avec son alphabet mais avec d'autres correspondances de lettres.

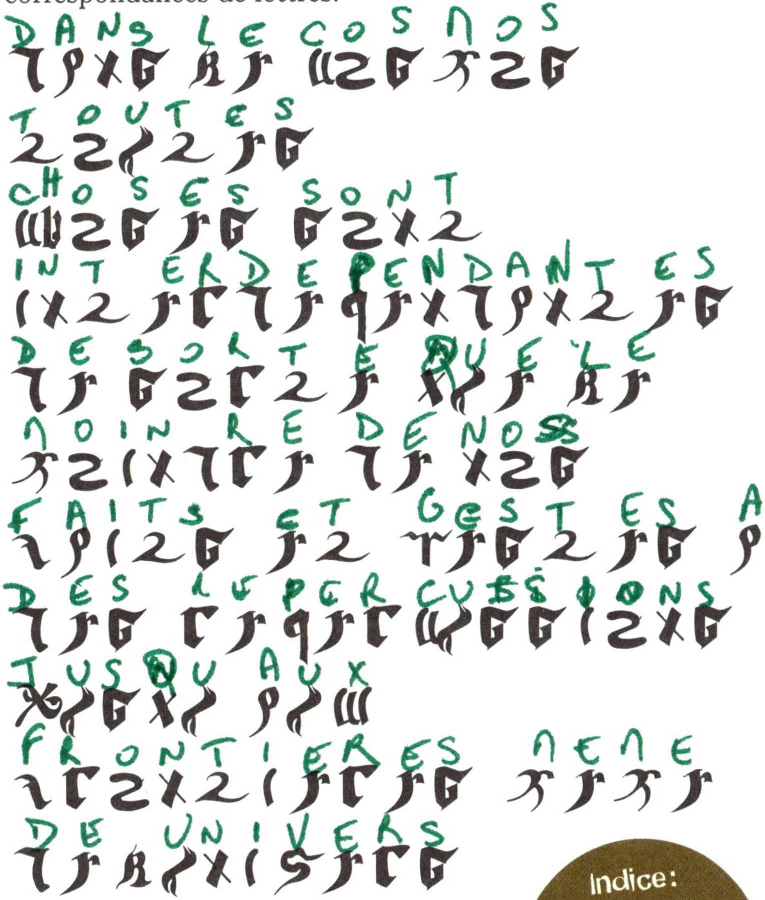

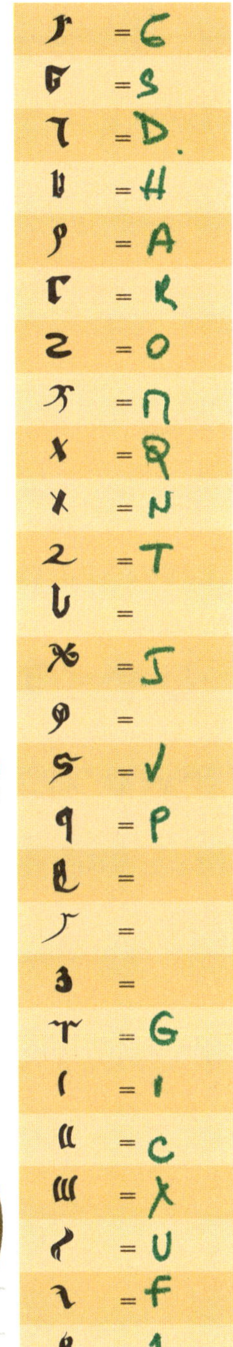

Indice : il y a le mot RÉPERCUSSIONS repérez-le.

Que dit Hildegarde ?

Un art d'Hildegarde

La MUSIQUE (en sautant de 2 en 2).

L'ordre d'Hildegarde

Hildegarde était une *bénédictine*, qui ne peut s'écrire sans un B.

Le code d'Hildegarde

LES ANGES ET LES HOMMES TRAVAILLENT ENSEMBLE À ÉTABLIR LA PAIX UNIVERSELLE.

Rayonnant de sa cellule

L'autre art d'Hildegarde

La MÉDECINE.

Un ange passe

Les droites définissent 2 zones.

La cordelière

Une simple boucle, sans nœud.

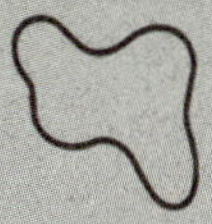

Le compte des anges

Chaque A touche un N, qui touche 2 G touchant chacun 2 E et forme donc 4 ANGE. Comme il y a 4 A, il y a au total 16 ANGE.

Hildegarde « new age » ?

Regarde-toi : tu as en toi le ciel et la terre.

Hildegarde écologiste ?

RÉPERCUSSIONS se découvre dans la quatrième avant dernière ligne grâce à son double S et deux fois le même couple de lettres RE. Cela donne les lettres REPCUSIO et N, que l'on peut reporter dans les autres mots, puis deviner le reste peu à peu. Il vient :

Dans le cosmos toutes choses sont interdépendantes, de sorte que le moindre de nos faits et gestes a des répercussions jusqu'aux frontières même de l'univers.

Villard de Honnecourt

La trace de Villard ★

On ne connaît Villard de Honnecourt que par ses écrits et ses dessins. Ses plans et ses croquis de cathédrales montrent qu'il voyageait beaucoup et qu'il était sans doute plus qu'un simple architecte itinérant.

Rassemblait-il ses observations pour une puissance politique l'employant comme espion au douzième siècle ?

Quel objet nous est parvenu, portant ses productions ?

Lisez en suivant les faces qui se touchent.

Quel objet ?

CARNET

Le visiteur de cathédrales ★

Ses croquis suggèrent qu'il a visité et dessiné l'une de ces cathédrales :

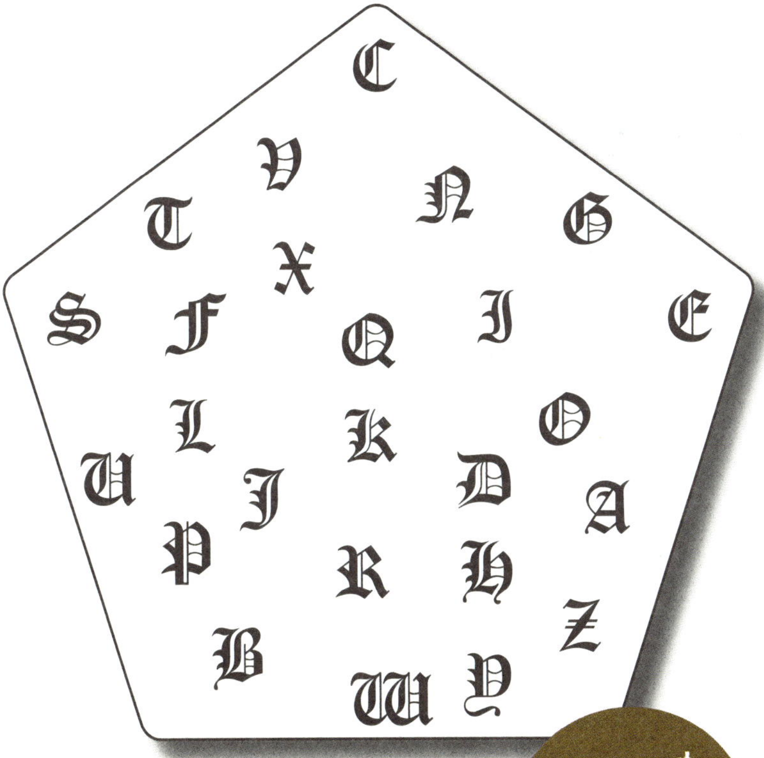

- Paris
- Sens
- Noyon
- Strasbourg
- Reims
- Angers
- Beauvais
- Troyes
- Senlis
- Tours
- Soisson
- Bourges
- Vézelay

Quelle cathédrale ?

Elle ne peut s'écrire avec les lettres du pentagone.

Reims

Le code des Templiers ★

Villard a-t-il eu des contacts avec les Templiers ? Il utilise ici leur code pour transmettre un message.

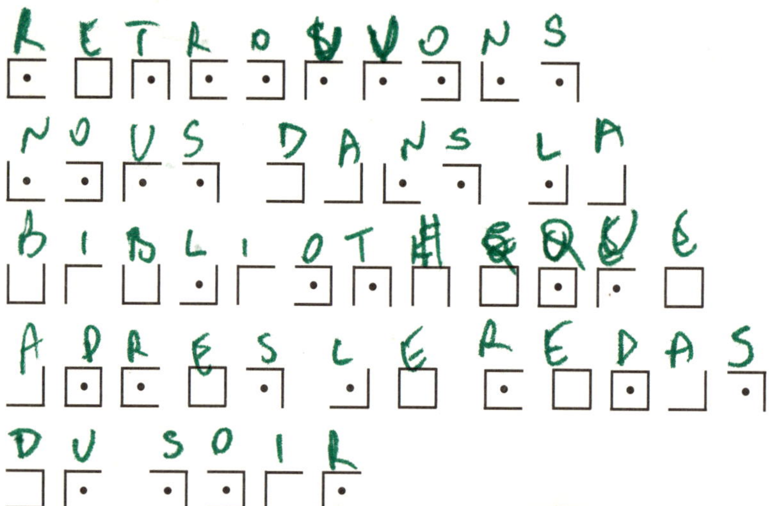

Quel est le message ?

Utilisez l'alphabet ci-contre.

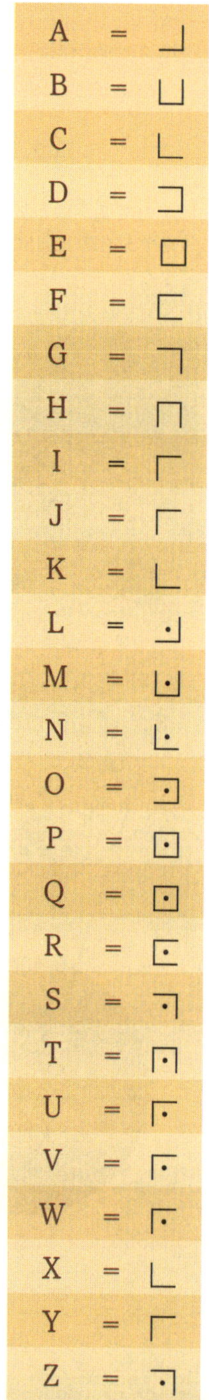

La figure dans les portraits ★★★

Dans ces deux portraits sauvages de Villard, quatre carrés ont été permutés pour symboliser une figure.

Suivez les carrés déplacés.

Quelle figure ?

Un plan de chœur ★

Ce chœur dessiné par Villard sur ses carnets est celui d'une cathédrale qu'il ne précise pas.

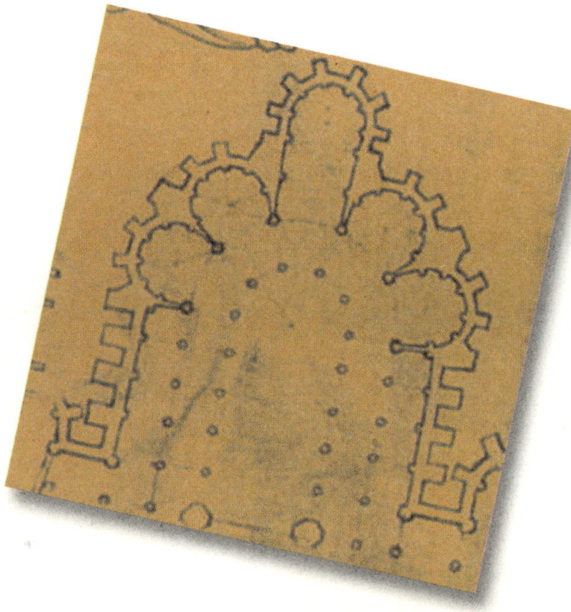

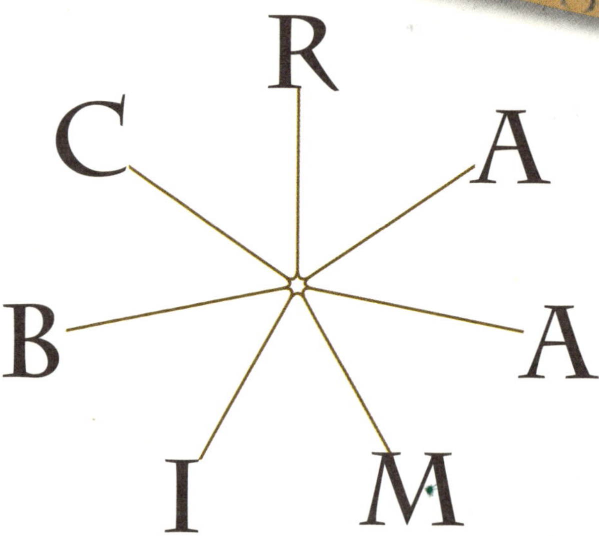

Quelle cathédrale ?

Sautez régulièrement de 1, 2, 3 lettres ou plus à partir d'une lettre bien choisie.

Derrière le moine ★★

Si le moine se déplaçait, il serait facile de compter le nombre de zones délimitées par les droites dans le cercle.

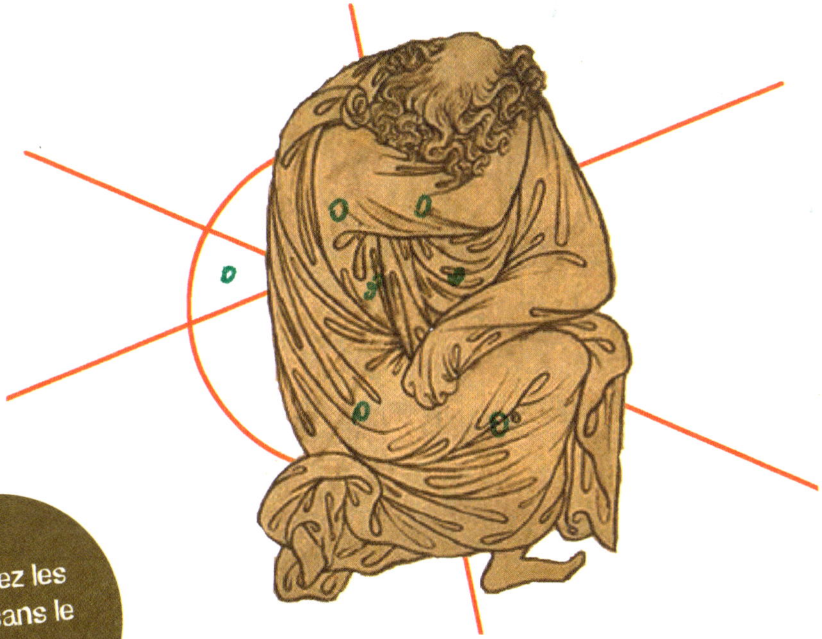

Imaginez les traits sans le moine.

Combien de zones ?

7

L'autre code du Temple ★

Villard utilise aussi le code plus secret des Templiers, dit Code XX.

Utilisez l'alphabet ci-contre.

Quel est le message ?

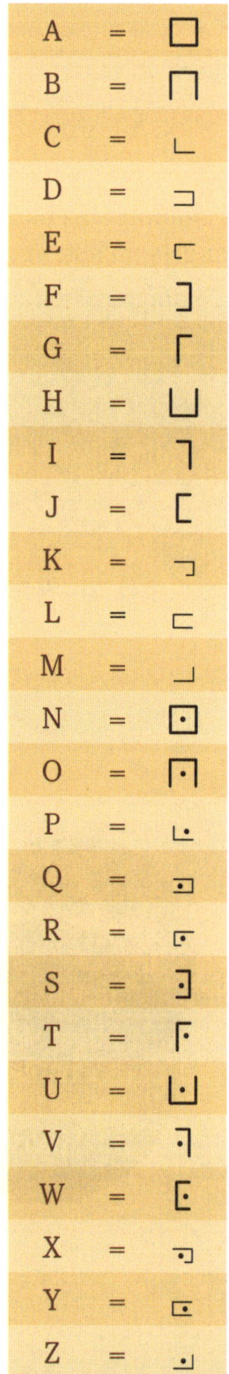

Les angles de Villard ★

Comparé à Hildegarde, et au vu de ses croquis, Villard s'intéresse plus aux angles qu'aux anges.

Ce diagramme donne l'occasion de les compter.

L	G	L	E
E	N	A	G
G	A	N	E
E	L	G	L

Suivez des lettres qui se touchent, mais jamais 2 fois la même.

Combien d'angles ?

Le code de Salomon ★★

Villard crypte ici ses doutes sur la foi des Templiers avec le code sacré des Templiers, modelé sur la croix de Salomon.

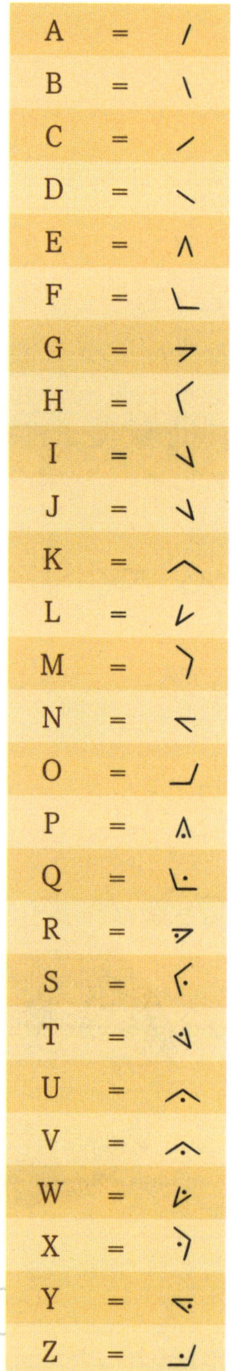

Que dis le message ?

Suivez cet alphabet.

Le secret du Temple ★★

Villard connaît même le code Templier dit « de la grande croix », réservé à un usage rare et confidentiel.

Utilisez l'alphabet ci-contre.

Quel message ?

La trace de Villard

Seul nous est parvenu son CARNET.

Le visiteur de cathédrales

Sans M, impossible d'écrire Reims et sa cathédrale.

Le code des Templiers

Retrouvons-nous dans la bibliothèque ce soir après le repas du soir.

La figure dans les portraits

Un plan de chœur

La cathédrale de CAMBRAI

Derrière le moine

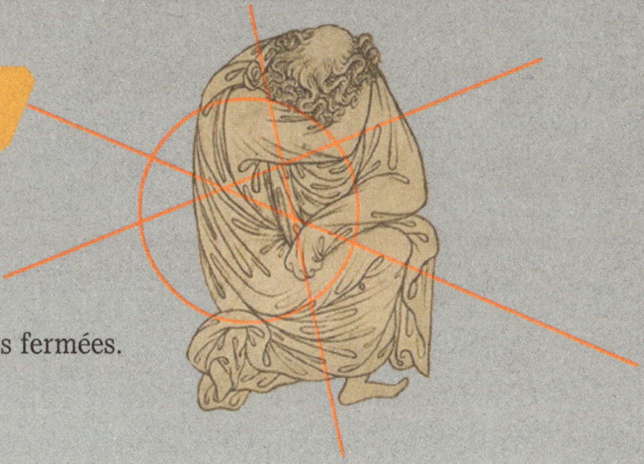

Il y a 5 zones fermées.

L'autre code du Temple

Le livre clé sera dans
un panier derrière la
cathédrale demain matin.

Les angles de Villard

Chaque A touche 2 N, qui touchent chacun 2 G. Or 1 des G touche 1 L et l'autre 2 L, chacun touchant 1 seul E. Le nombre de combinaisons est donc : 2 x 2 x 3 = 12.

Le code de Salomon

Les églises des Templiers sont des temples à la gloire de Salomon.

Le secret du Temple

Les plans du palais sont en cours de copie et seront disponibles dans une semaine.

Son outil de travail ★

Guillaume est un des plus anciens enquêteurs occidentaux. Umberto Ecco le met en scène dans un monastère, à la recherche de la vérité sur un crime. Tiens ! Il a pour nom un mot clé de l'univers de Sherlock Holmes.
Il est connu pour être aidé dans ses travaux par un instrument très inhabituel au quinzième siècle.

Lisez en suivant les faces qui se touchent.

Quel instrument ?

L'ordre de Baskerville ★★

Guillaume de Baskerville est moine et appartient donc à l'un des nombreux ordres monastiques du quinzième siècle, dont ceux-ci :

Augustins

Vallombrosains

Bénédictins

Capucins

Oblates

Bernardins

Dominicains

Hospitaliers

Minimes

Franciscains

Récollets

Salvatoriens

Basiliens

Trappistes

Son ordre ne peut s'écrire avec ces 25 lettres.

Quel est cet ordre ?

L'assistant ★★

Baskerville fut très aidé dans son enquête par son jeune assistant.

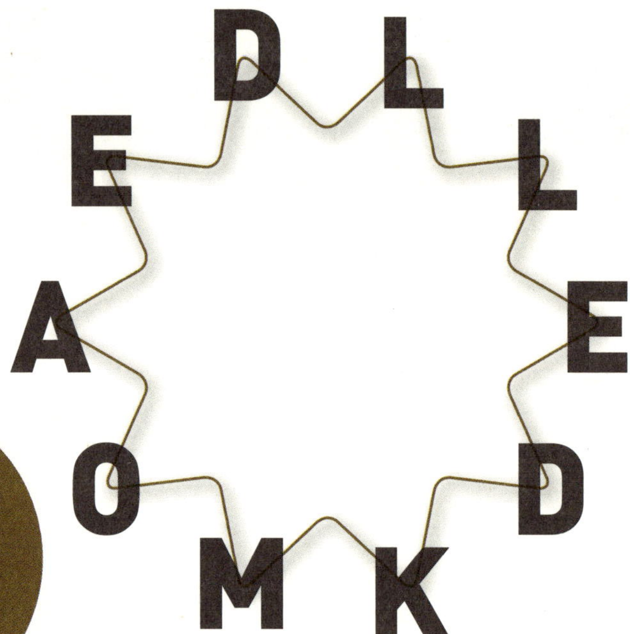

Son nom se lit en sautant régulièrement de 2, 3 lettres ou plus, à partir d'une lettre choisie.

Quel assistant ?

Le nombre du copiste ★★★

Cette enluminure représentant un copiste dans un scriptorium dissimule un nombre.

Suivez les chemins des échanges de cases.

Quel nombre ?

Les noms de la rose ★

Le nom de la rose se lit de nombreuses fois dans ce réseau.

Suivez les côtés des hexagones.

Combien de « rose » ?

Le capuchon ★★★

Sous ce capuchon, les droites délimitent des zones.

Combien de zones ?

Imaginez les croisements sous le capuchon.

Une méthode Bacon ★★

Baskerville code ici avec une méthode préconisée par Roger Bacon pour éloigner les curieux des sciences secrètes.

N SL LVR NS ST
NTRDT MS L CNTNT
L CL D TS LS LVRS D L
BBLTHQ T NS DVNS L
BTNR

Quelle méthode, quel message ?

Indice : le message évoque la bibliothèque.

Le Chaucer code ★

Baskerville utilise le code qu'utilisera plus tard Geoffrey Chaucer pour dissimuler ses connaissances scientifiques.

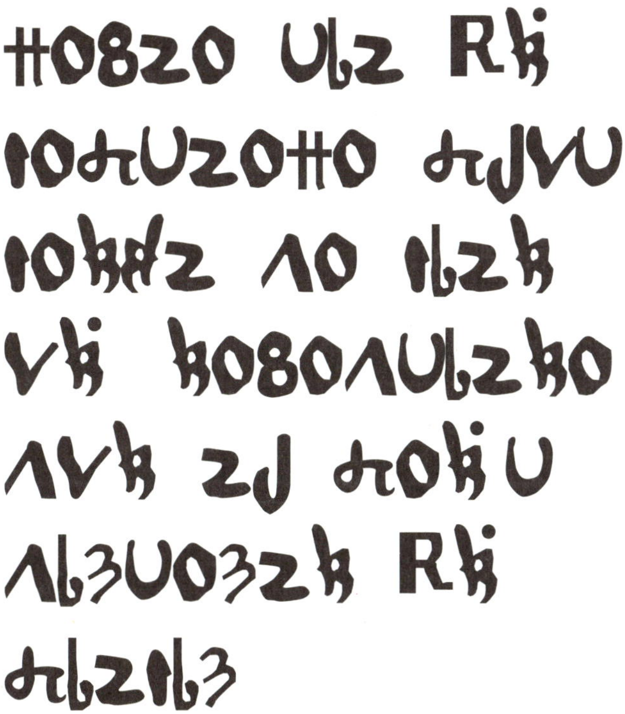

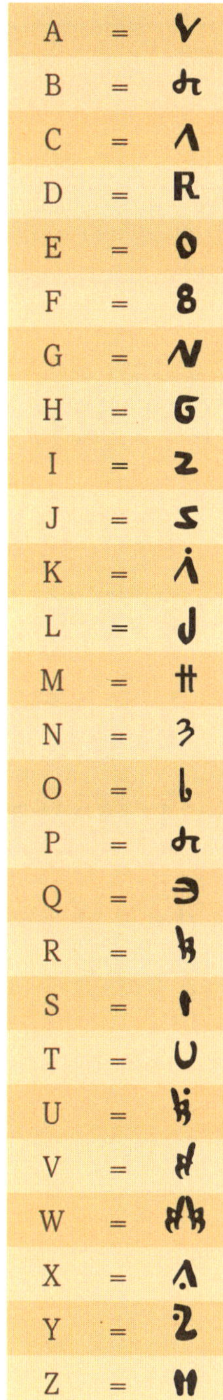

Qu'écrit Baskerville ?

Distinguez bien les caractères.

Rendez-vous de nuit ★★★

Baskerville utilise ici le code de Geoffrey Chaucer mais avec une autre distribution des symboles.

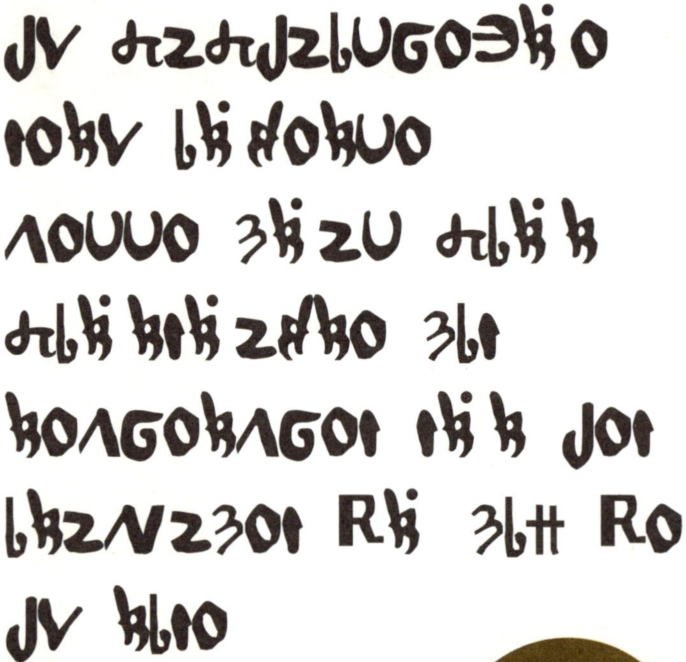

Que dit Baskerville ?

Indice : le texte contient le mot RECHERCHES.

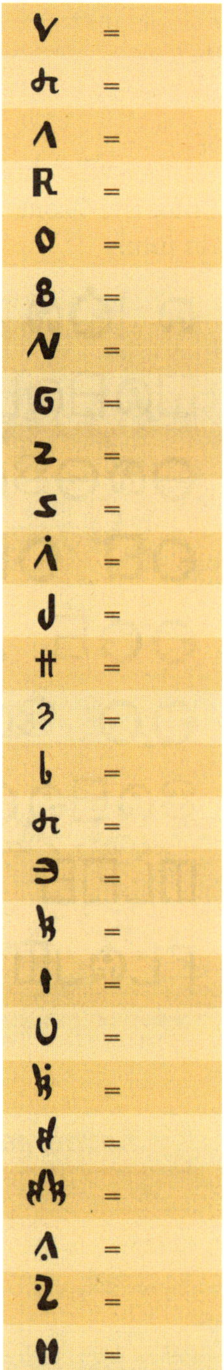

La vision utopiste ★

Baskerville choisit l'alphabet que prendra plus tard l'utopiste Thomas Moore pour crypter sa vision sacrilège du futur.

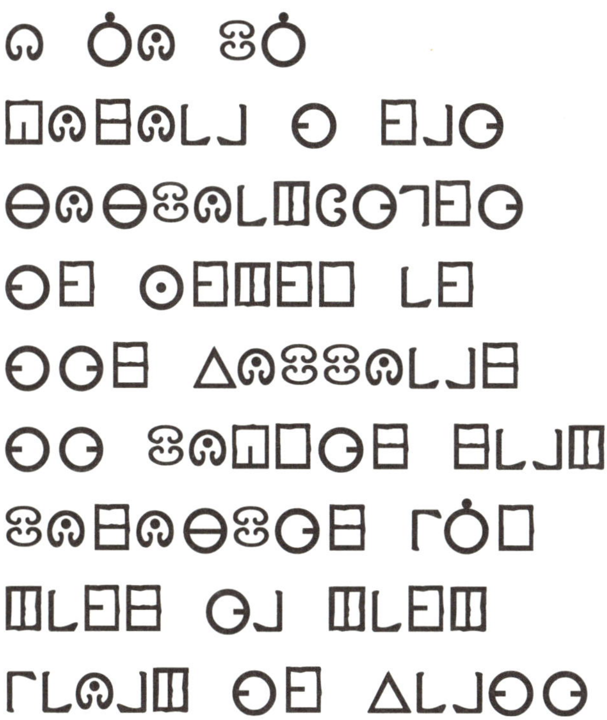

Quelle vision ?

Indice : le texte contient le mot LIVRES.

Solutions Guillaume de Baskerville

Son outil de travail

Guillaume de Baskerville possédait une paire de lunettes, très rares à l'époque.

L'ordre de Baskerville

Il est Franciscain, ce qui ne peut s'écrire sans F.

L'assistant

L'assistant est le jeune Aldo de Melk.

Le nombre du copiste

Les échanges de cases deux à deux dessinent le nombre XII.

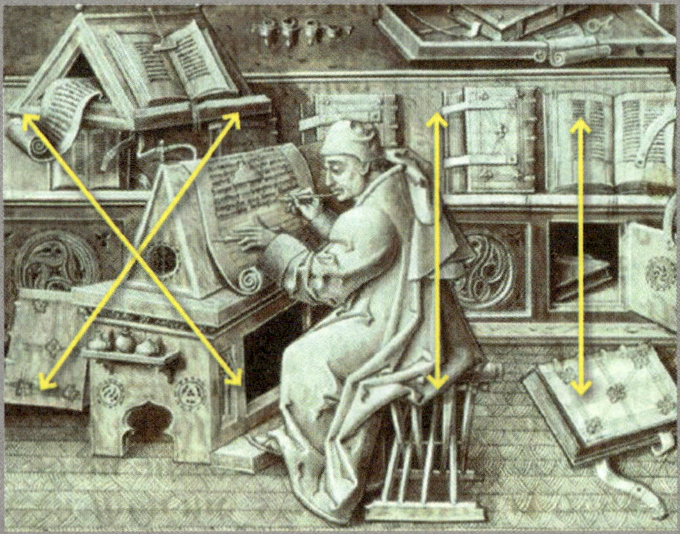

Les noms de la rose

Chaque R central est lié à 2 O, l'un lié à 1 SE, l'autre à 2 SE : au total 2 x 3 = 6.

Chaque R périphérique ne donne qu'une ROSE : au total 2.

En final 6 + 2 = 8.

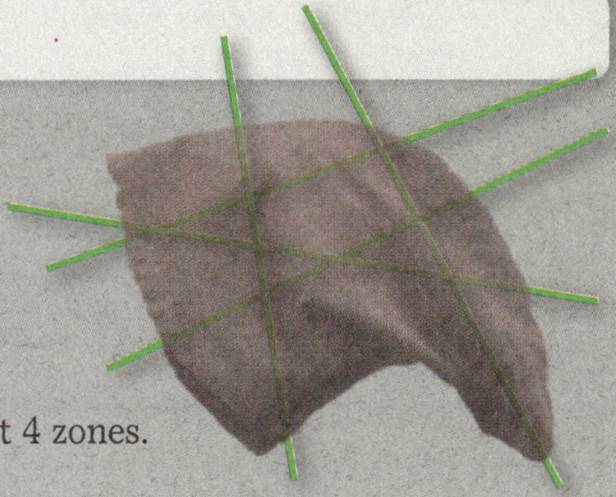

Le capuchon

Les droites délimitent 4 zones.

Un système Bacon

Les voyelles ont été supprimées.

Un seul livre nous est interdit, mais il contient la clé de tous les livres de la bibliothèque et nous devons l'obtenir.

Le Chaucer code

Méfie-toi du septième plat servi ce soir au réfectoire car il peut contenir du poison.

Rendez-vous de nuit

La bibliothèque sera ouverte cette nuit pour poursuivre nos recherches sur les origines du nom de la rose.

La vision utopiste

Le mot RECHERCHES s'identifie aisément comme le dixième mot du message. Cela donne les correspondances des lettres RECHS et le reste se déduit de proche en proche.

Deux mots de 6 lettres différentes sont candidats à représenter LIVRES. Seul le premier produit des lettres donnant des combinaisons compatibles dans les autres mots.

J'ai la vision d'une bibliothèque du futur où des millions de livres sont lisibles par tous en tout point du monde.

Cornelius Agrippa von Nettensheim

Son obscur métier ? ★★

Quelle fut l'activité préférée du mystérieux Cornélius Agrippa von Nettensheim ? Suivez les sommets du pentagramme en choisissant chaque fois une des deux lettres.

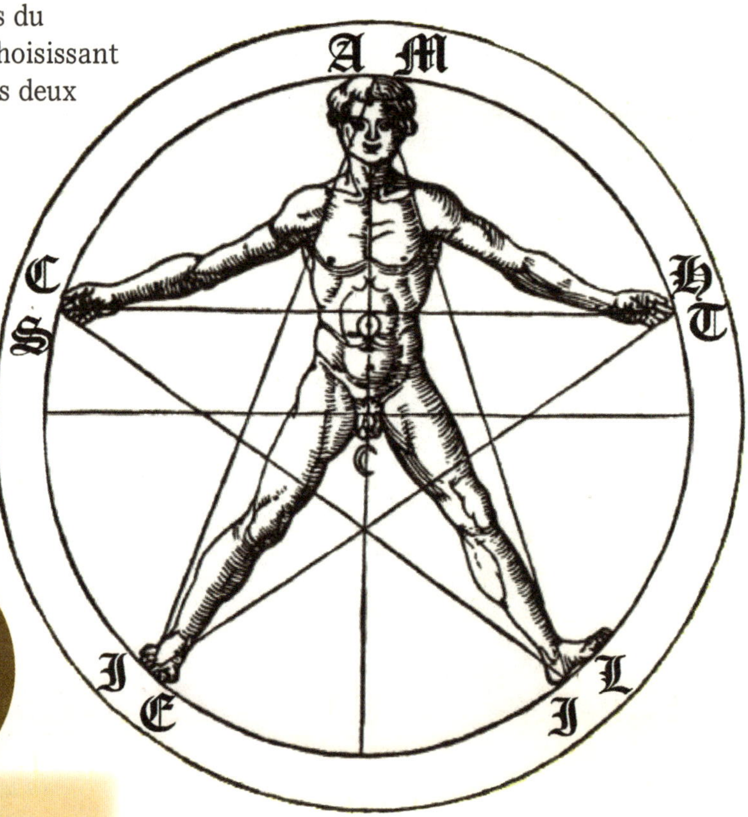

Partez d'un sommet et composez un mot de 10 lettres.

Quelle activité ?

La grille symbolique ★★

Agrippa a laissé pour vous ce mot croisé alchimique, où chaque bandelette représente un mot composé de symboles. Saurez-vous reposer correctement les six bandelettes sur la grille ? Les bandelettes doivent se croiser sur des symboles identiques.

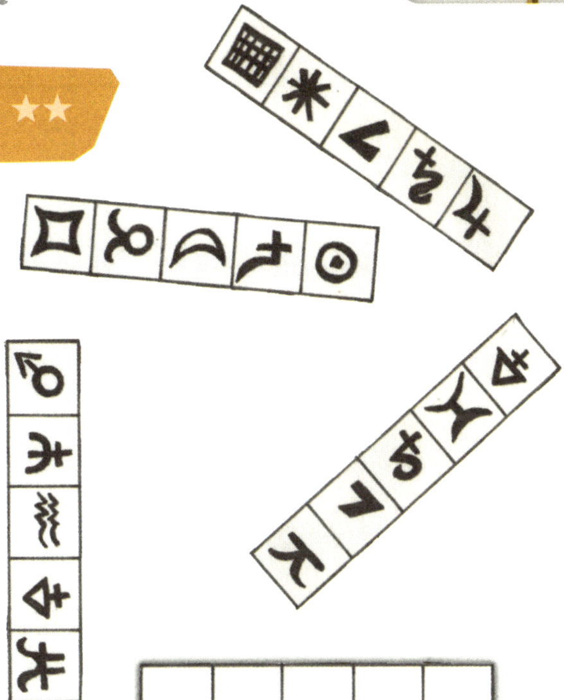

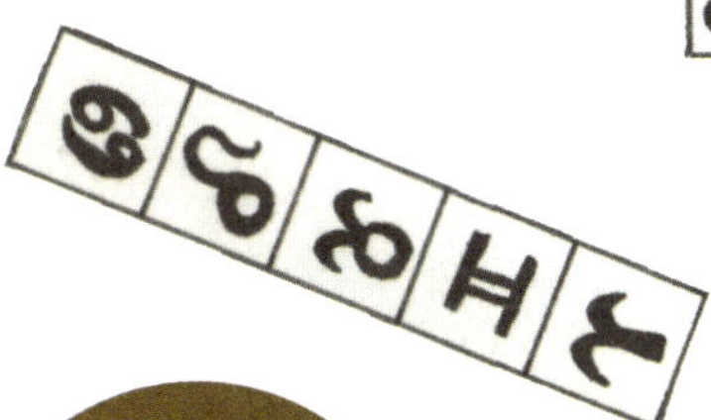

Croisez les bandelettes comme des mots croisés.

Que grille Agrippa ?

Le code des planètes ★★

Agrippa conversait avec les planètes dans un alphabet qui les évoquait explicitement.

Utilisez l'alphabet ci-contre.

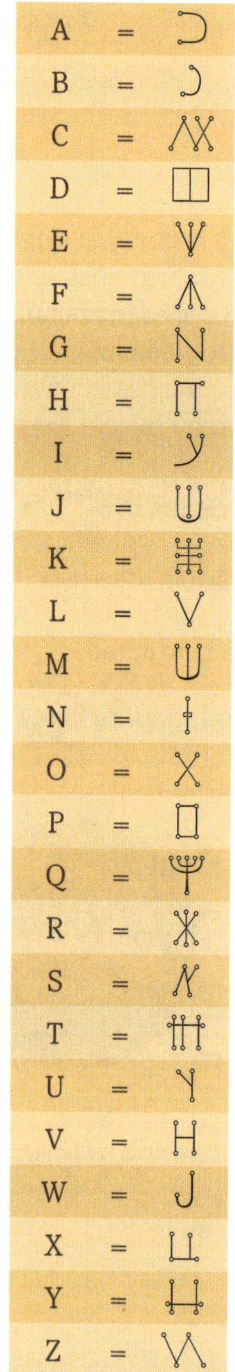

Que dit Agrippa ?

La ville natale ★

Cornelius avait ajouté Agrippa à son nom d'origine car c'est l'ancien nom de sa ville natale, plus connue maintenant sous son nom moderne.

Le nom ne peut s'écrire avec les 25 lettres du carré.

- Hannover
- München
- Köln
- Dortmund
- Frankfurt
- Bremen
- Stuttgart
- Augsburg
- Bonn
- Hamburg
- Dresden
- Münster

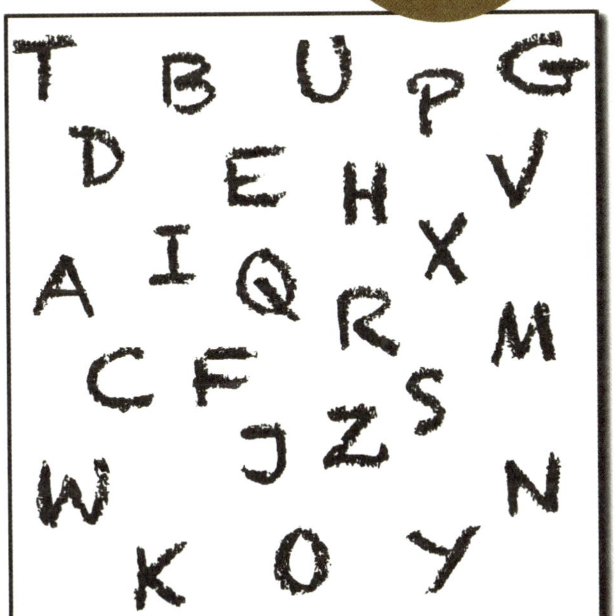

Quelle ville ?

Le métal de Vénus ★

Pour les alchimistes chaque planète ou corps céleste est associé à un métal. L'or, par exemple, est associé au soleil.
Auteur d'un ouvrage intitulé *Discours abrégé sur la noblesse et l'excellence du sexe féminin* Agrippa s'intéressait directement à la planète Vénus. Quel métal lui associait-il en tant qu'alchimiste ?

Lisez en suivant les faces qui se touchent.

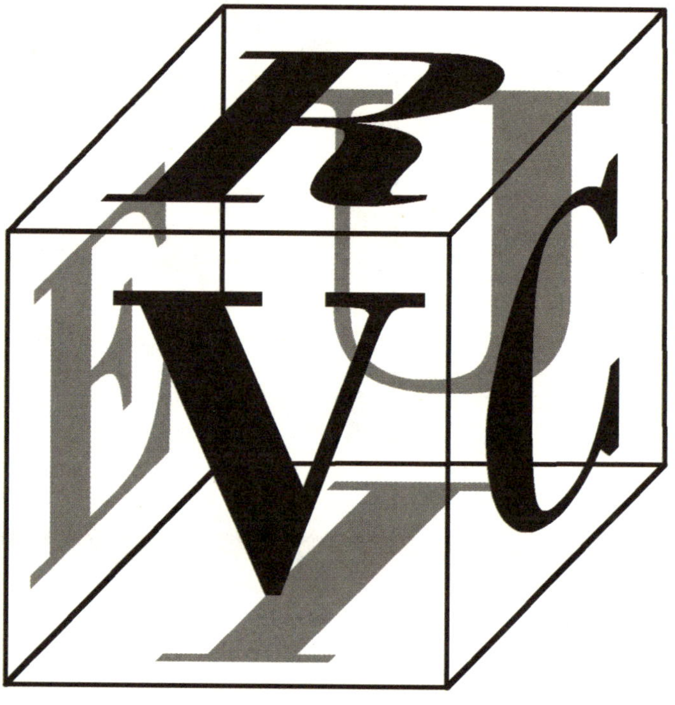

Quel métal ?

L'atelier symbolique ★★

Agrippa a dissimulé un symbole dans son atelier. Lequel ?

Suivez le trajet des cases déplacées.

Quel symbole ?

Magie multiple ★★

La magie d'Agrippa se lit de nombreuses manières dans ce réseau.

E	I	G		
I	E	A		
G	A	M	A	G
		A	E	I
		G	I	E

Lisez en suivant les lettres qui se touchent.

Combien de MAGIE lit-on ?

Géomancie alchimique ★★★

Ce disque géomancien cache une partie des zones délimitées par les cercles et les droites.

Combien de zones ?

Cercles et droites se poursuivent sous le disque.

Usage des planètes ★★★

Agrippa parle ici aux planètes avec les mêmes symboles mais avec des correspondances de lettres différentes.

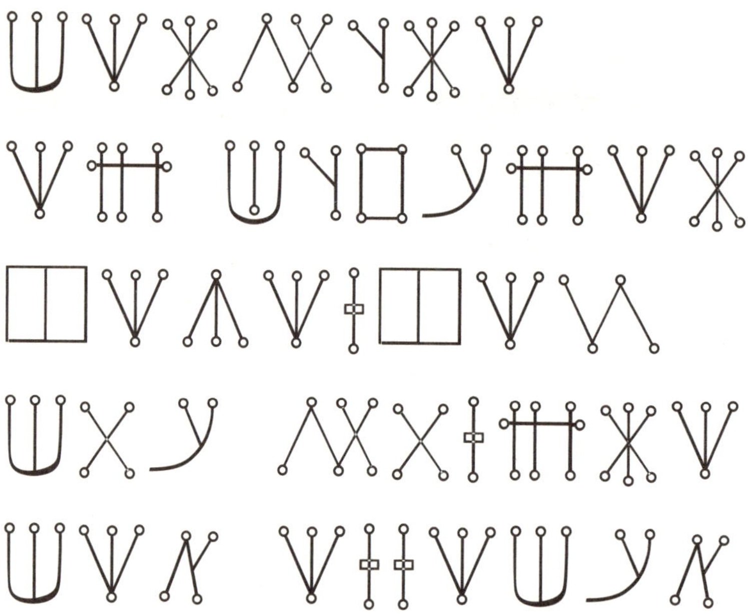

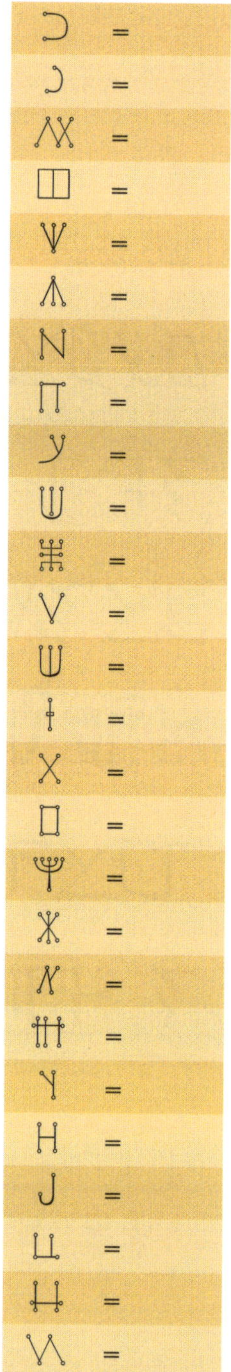

Que dit Agrippa aux planètes ?

Indice : il invoque JUPITER et MERCURE.

Le code de l'au-delà ★

L'alphabet *Passage de la Rivière* permet à Agrippa de parler aux défunts qui ont passé le Styx.

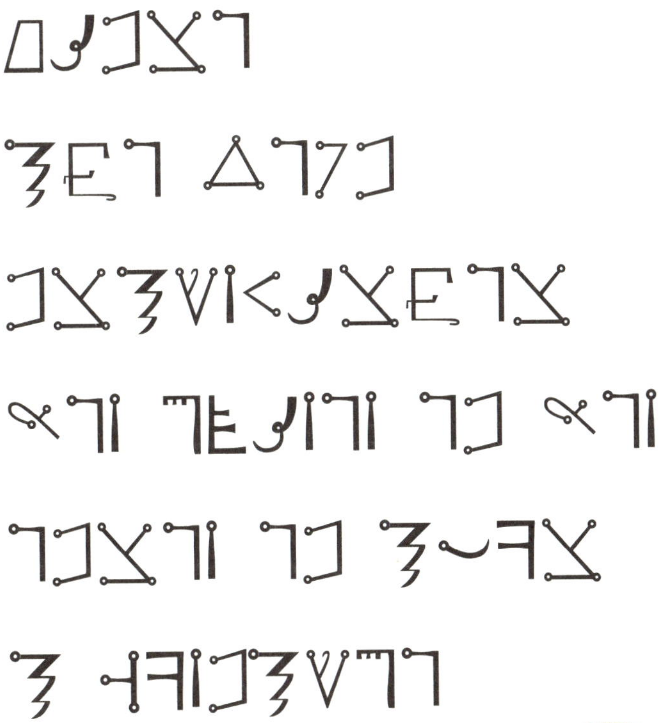

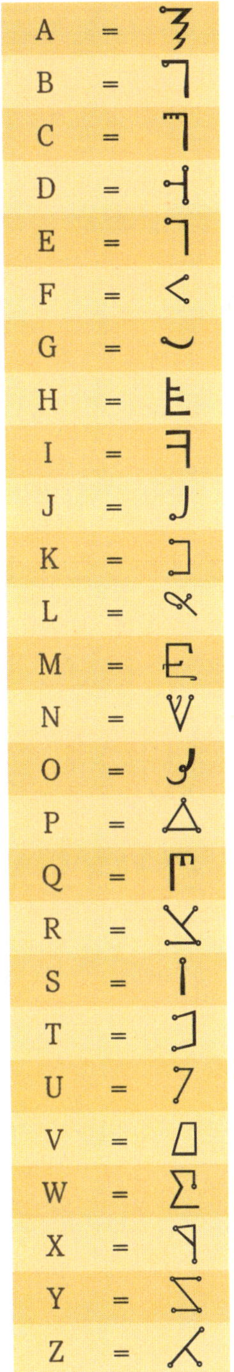

Utilisez la table des correspondances.

Que dit Agrippa aux morts ?

Son obscur métier

ALCHIMISTE

La grille symbolique

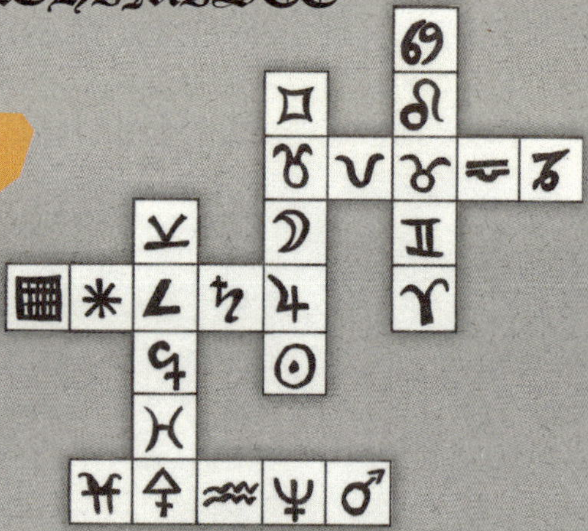

Les bandelettes se croisent sur des symboles identiques.

Le code des planètes

Vénus et Mars, soyez au rendez-vous pour soutenir mes projets.

Ville natale

Köln (Cologne) ne peut s'écrire sans L.

Le métal de la lune

Le métal de Vénus est le CUIVRE.

L'atelier symbolique

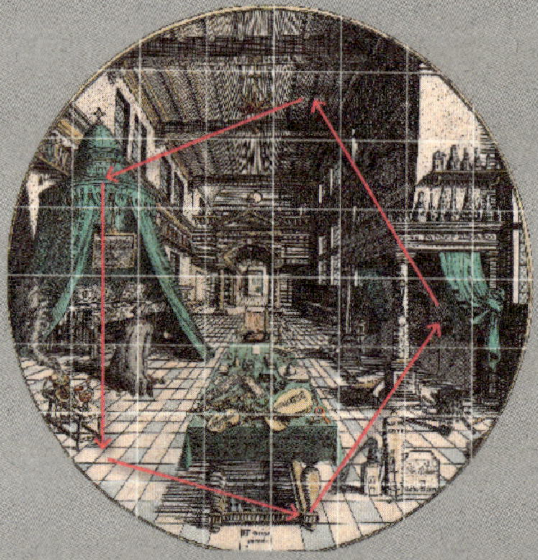

Les cases déplacées dessinent un pentagramme.

Géomancie alchimique

Au total : 8 zones.

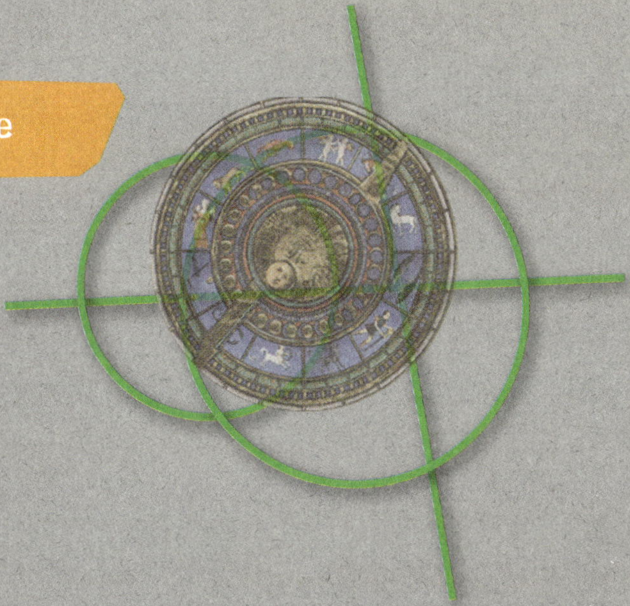

Magie multiple

M touche 4 A, touchant chacun 1G, touchant chacun 1 I, touchant chacun 2 E.

Au total 4 x 2 = 8 MAGIE.

Usage des planètes

Les troisième et premier mots sont les seuls JUPITER et MERCURE possibles. Ils donnent JUPITERMC. Le reste se devine de proche en proche. Il vient :

Mercure et Jupiter, défendez-moi contre mes ennemis.

Le code de l'au-delà

Votre âme peut transformer les choses et les êtres et agir à distance.

John Dee

Anges ou démons ★

À la fois scientifique et occultiste du seizième siècle, John Dee conversait avec les anges, comme Hildegarde, pour la pratique de la magie avec son alphabet *Enochien*. Il soutenait cependant que la science est aussi importante que la magie.

Utilisez la table des correspondances ci-contre.

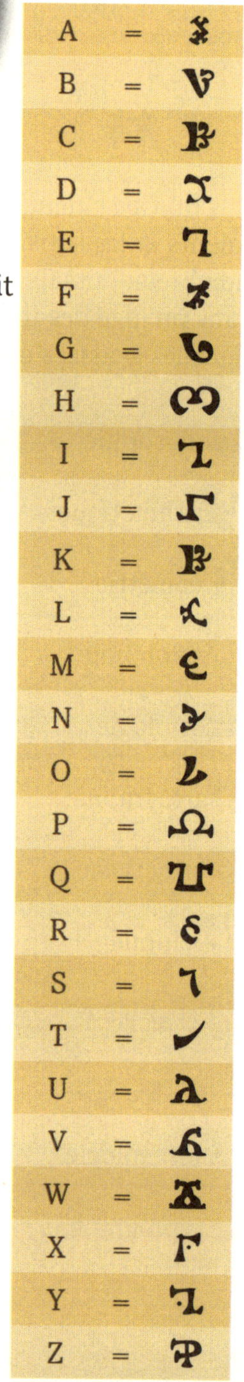

Que dit Dee ?

____

____

____

Le talent impossible ★

John Dee cumulait les talents et les activités dans de nombreux domaines, faisant sans préjugé des incursions dans les sciences occultes :

Philosophie

Arithmétique

Géométrie

Astronomie

Astrologie

Cartographie

Hermétisme

Alchimie

Occultisme

Magie

Numérologie

Cryptographie

Un domaine ne peut s'écrire avec ces 25 lettres.

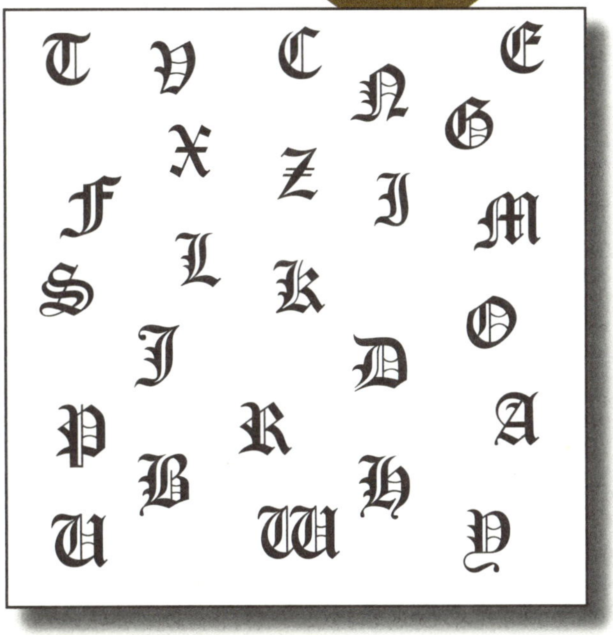

Quel talent ne peut s'écrire ?

Le métal de la Lune ★

Alchimiste comme Agrippa, John Dee s'intéressait de près à la Lune et donc au métal qui lui est associé.

Lisez en suivant les faces qui se touchent.

Quel métal ?

Le masque du sigillum ★★

Le sigillum ésotérique de John Dee masque la rencontre d'une droite et de deux triangles et des zones qu'elles délimitent.

Imaginez les parties cachées des figures.

Combien de zones sont délimitées ?

L'empereur de l'occulte ★★

John Dee alla jusqu'à Prague pour rencontrer l'Empereur, passionné de surnaturel et entouré d'occultistes.

Sautez régulièrement de lettre en lettre.

Quel empereur ?

La carte codée ★★

John Dee était un grand géographe. Ses cartes ont permis à la marine anglaise de parcourir le monde. Son ami et collègue Mercator lui avait envoyé cette carte, qu'il avait signée à sa manière.

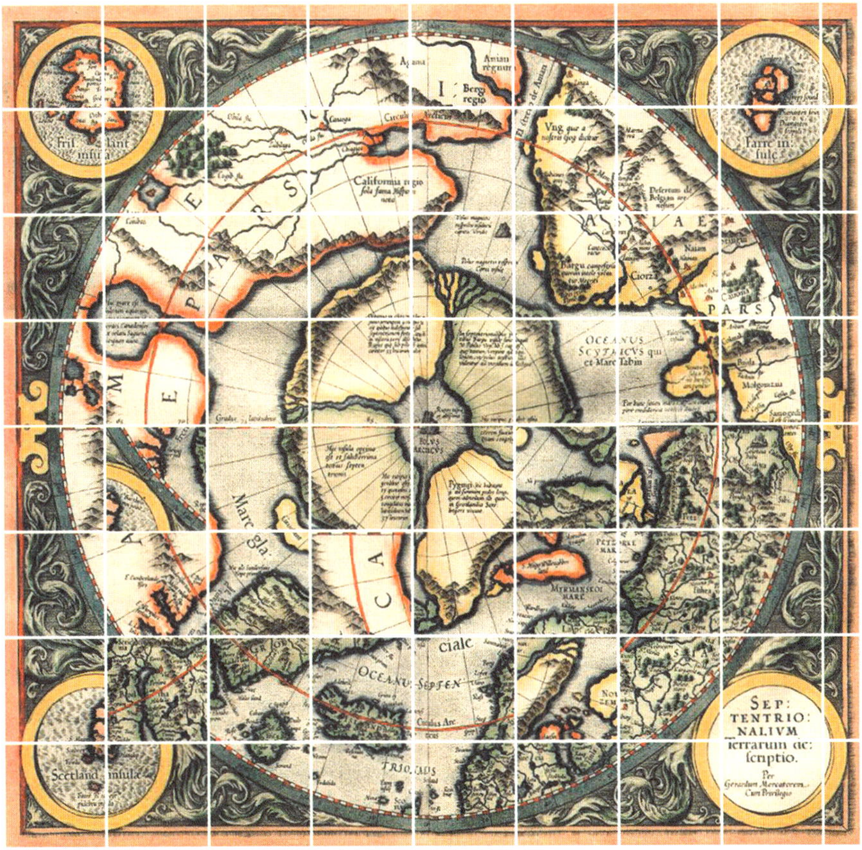

Quelle est cette signature ?

Suivez les déplacements des cases.

Autour du 7 magique ★

Il y a un défaut dans cette collection de multiples du nombre magique 7.

Suivez la progression de 7 à 196.

7 140 189 56 28 196 71 77 84 63 105 182 91 126 49 119 21 147 154 133 175 35 161 98 168 112 42 14

Quel nombre n'est pas un multiple ?

Les lectures de DEE ★★

Son nom se lit de nombreuses fois dans ce diagramme.

Lisez en horizontale, en verticale, ou en diagonale.

D

D E D

D E D E D

D E D

D

Combien de DEE lit-on ?

Le manuscrit Dee voynich ★

Un curieux manuscrit du seizième siècle, dit « voynich » du nom du collectionneur qui l'a redécouvert, est entièrement crypté dans un code que nous ignorons. Tout porte à croire qu'il a appartenu à John Dee, ou même qu'il en est à l'origine. Ce texte-ci est codé en utilisant arbitrairement ses caractères.

Reportez-vous à la table des correspondances.

A	=	
B	=	
C	=	
D	=	
E	=	
F	=	
G	=	
H	=	
I	=	
J	=	
K	=	
L	=	
M	=	
N	=	
O	=	
P	=	
Q	=	
R	=	
S	=	
T	=	
U	=	
V	=	
W	=	
X	=	
Y	=	
Z	=	

Quel est le message ?

Les anges collaborateurs ★★★

John Dee considérait les anges comme des compagnons de travail dans ses recherches d'occultiste. Il utilise ici leur code enochien mais avec une autre table de correspondance.

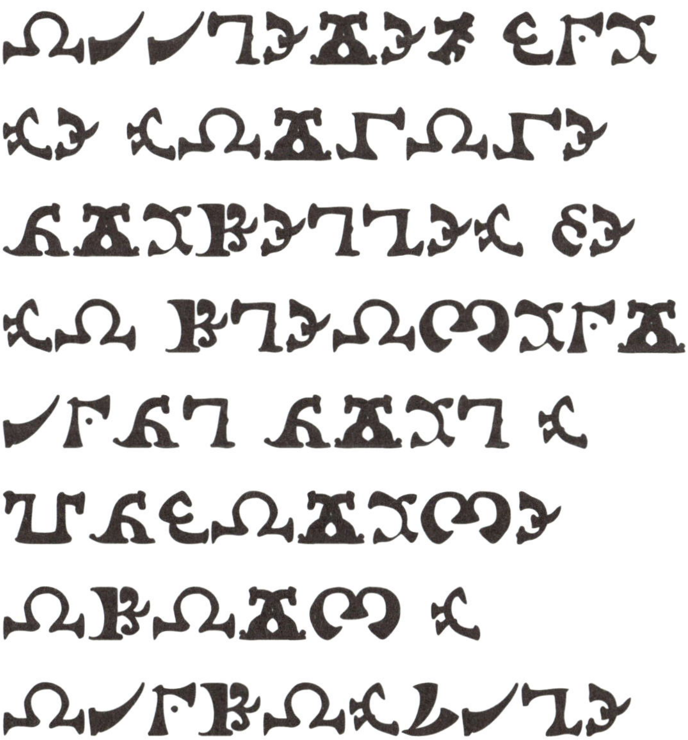

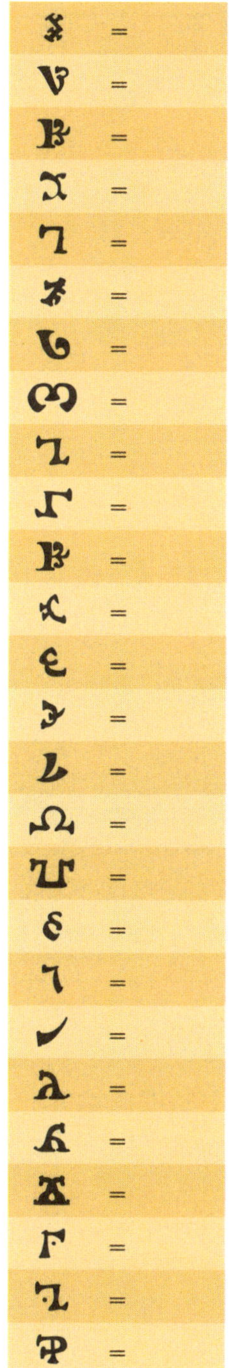

Indice : le texte contient le mot LANGAGE.

Que demande Dee aux anges ?

Anges ou démons

Rien ne décore mieux une âme que la connaissance des arts et des sciences.

Le talent impossible

Arithmétique ne peut s'écrire sans Q.

Le métal de la Lune

Le métal de la Lune est l'ARGENT.

Le masque du sigillum

La droite et les triangles définissent 6 zones.

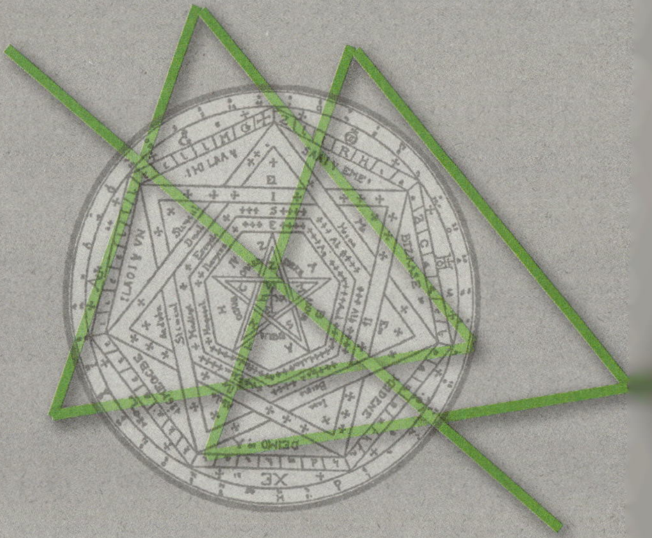

L'empereur de l'occulte

L'empereur de l'époque à Prague était RODOLPHE II.

La carte codée

Mercator a déplacé des cases pour figurer un M, son initiale.

Autour du 7 magique

71 n'est pas un multiple de 7.

Les lectures de DEE

Le D central touche 4 E qui touchent chacun un autre E, donc 8 DEE.

Les D des sommets touchant chacun 1 E qui en touche 2, donc 4 x 2 = 6 DEE.

Les autres D touchent chacun 2 E, qui en touchent chacun un seul autre donc 4 x 2 = 8.

Au total : 8 + 6 + 8 = 22 DEE.

Le manuscrit Dee voynich

Cette encyclopédie décrit un univers inconnu que les hommes découvriront dans les siècles à venir.

Les anges collaborateurs

LANGAGE se remarque au quatrième mot : même lettre en positions 2 et 5 et en 4 et 6. Ses lettres donnent la clé du reste.

Apprenez-moi le langage de la création pour unir l'humanité avant l'Apocalypse.

Plusieurs fois reine ★

Avant d'être reine d'Écosse, Marie Stuart fut reine d'un autre pays.

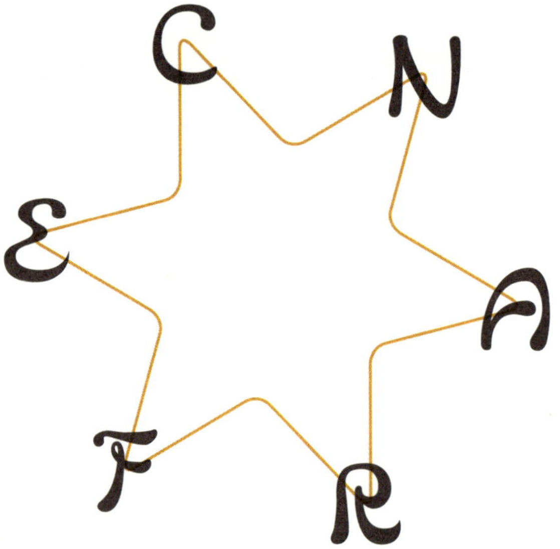

Sautez régulièrement de 1, 2, 3 lettres ou plus.

Quel pays ?

Naissance et mort ★

Les lieux de sa naissance et de sa mort figurent parmi ces nombreux endroits où Marie a résidé au cours de sa vie mouvementée.

Ils ne peuvent s'écrire avec ce carré de lettres.

- Stirling
- Inchmahome
- Saint-Germain
- Dumbarton
- Roscoff
- Morlaix
- Joinville
- Carrière-sur-Seine
- Paris
- Linlithgow
- Orléans
- Saint-Pierre-les-Dames
- Edimbourg
- Fotheringhay
- Loch Leven
- Carlisle

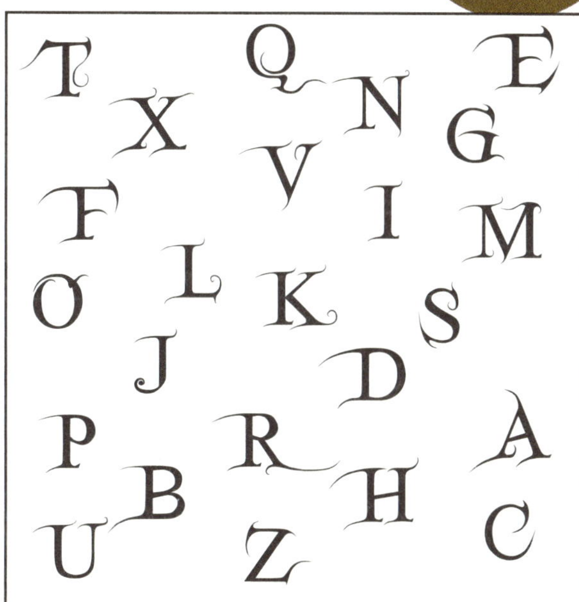

Où naquit-elle et mourut-elle ?

Les fruits du poison ★

Marie ne serait pas morte décapitée sur les ordres de la reine Elisabeth si les projets d'assassinat de son mari Robert Stuart avaient réussi.

Il avait comploté avec son cuisinier d'empoisonner son plat préféré : les beignets aux fruits.

Quels fruits ?

Lisez les fruits en suivant les faces qui se touchent.

La signature ★★★

Une ultime signature est représentée dans cette figuration des derniers moments de Marie.

Quelle signature ?

Suivez le chemin des cases permutées.

Code fatal ★

Le système de cryptage utilisé par Marie Stuart pour communiquer avec ses alliés était faible. Son ennemie la reine Elisabeth le craqua facilement, perça tous ses secrets et s'en servit comme preuve pour la faire condamner.

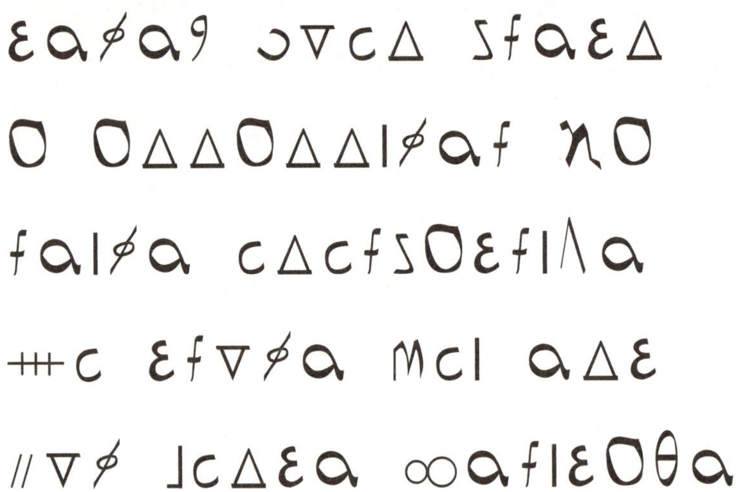

Quel est le message ?

Utilisez le tableau des correspondances.

A	=	O
B	=	‡
C	=	Λ
D	=	⧻
E	=	ɑ
F	=	□
G	=	θ
H	=	∞
I	=	|
J	=	⌋
K	=	Ō
L	=	ƛ
M	=	//
N	=	⌀
O	=	∇
P	=	ʅ
Q	=	M
R	=	ƒ
S	=	Δ
T	=	ɛ
U	=	c
V	=	ɔ
W	=	V
X	=	7
Y	=	8
Z	=	9

D'azur à trois fleurs de lys d'or ★★★

Le blason de la famille de France, à laquelle Marie a appartenu par son premier mariage avec François II, masque les zones définies par deux triangles égaux et un cercle.

Imaginez les figures sous le blason.

Combien de zones ?

Un destin prévisible ★★★

Une phrase de Joost Van Den Vondel au sujet de Marie Stuart est codée ici avec ses symboles mais dans une autre correspondance avec les lettres.

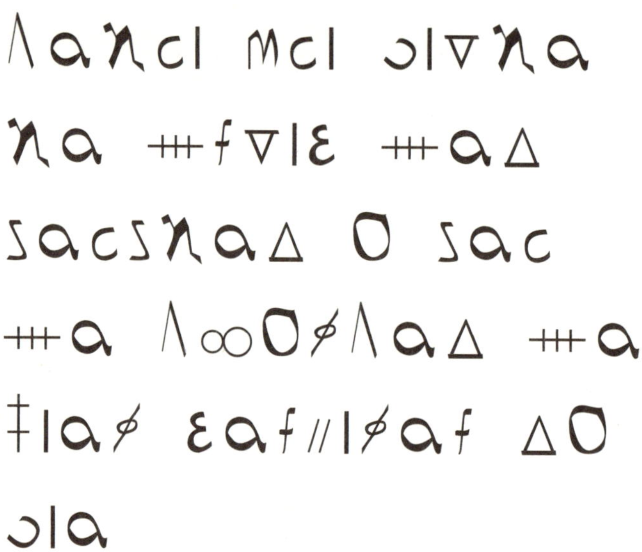

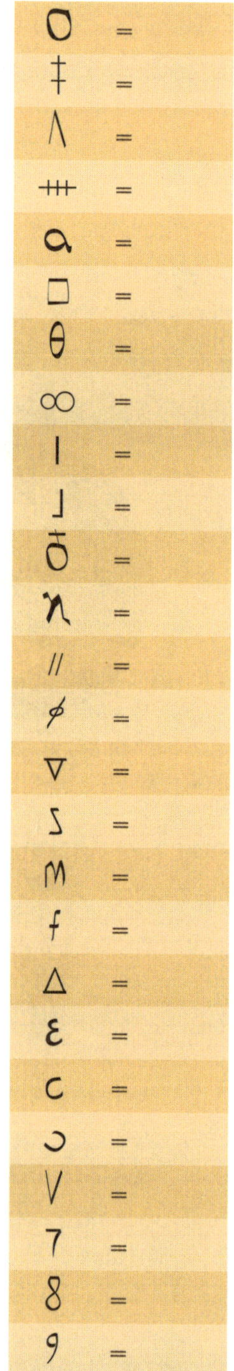

Quel est ce commentaire ?

Indice : le texte contient le mot **PEUPLES.**

Logique festive ★★

Menu

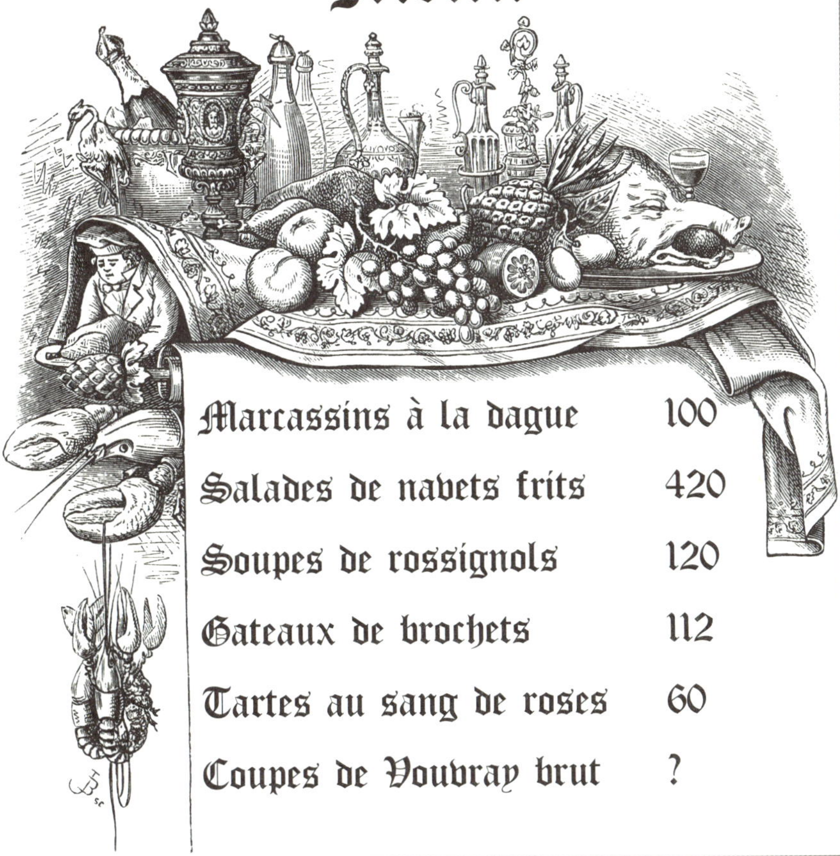

Marcassins à la dague	100
Salades de navets frits	420
Soupes de rossignols	120
Gateaux de brochets	112
Tartes au sang de roses	60
Coupes de Vouvray brut	?

Combien de coupes de Vouvray ?

Suivez la logique du menu.

Solutions Marie Stuart

Plusieurs fois reine

Marie fut d'abord reine de France, par son premier mari François II.

Naissance et mort

Sans W, pas de Linlithgow, son lieu de naissance. Sans Y pas de Fotheringhay, où elle fut décapitée.

Les fruits du poison

Marie était friande de beignets aux POIRES.

La signature

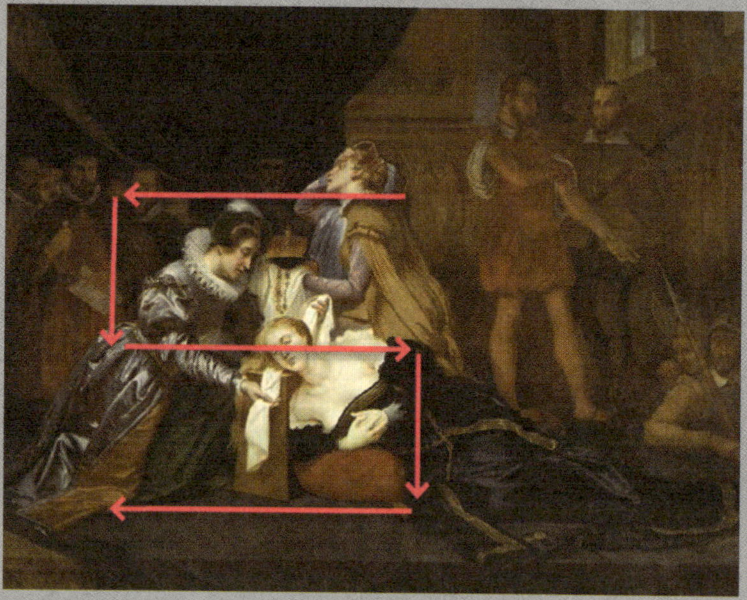

Code fatal

Tenez-vous prêts à assassiner la reine usurpatrice du trône qui est mon juste héritage.

D'azur à trois fleurs de lys d'or

Le cercle et les triangles délimitent 7 zones.

Un destin prévisible

Le mot PEUPLES, grâce à ses 2 P et ses 2 E se repère facilement au septième mot. Les lettres qu'il révèle permettent de décoder le reste, de proche en proche.

Celui qui viole le droit des peuples a peu de chances de bien terminer sa vie.

Logique festive

Chaque quantité est le produit des nombres de lettres des mots. Il y a donc :

6 x 2 x 7 x 4 = 336 coupes de Vouvray brut.

La ville de Casanova★

D'une infidélité proverbiale, Casanova sera néanmoins infailliblement fidèle à sa ville natale et son espion.

Lisez la ville en suivant les faces qui se touchent.

Quelle ville ?

Science-fiction et terre creuse ★★

Auteur de science-fiction ? Casanova l'était aussi. Il écrivit l'*Icosaméron*, décrivant l'Histoire d'Édouard et d'Élisabeth qui passèrent quatre-vingt-un ans chez les Mégamicres, habitants aborigènes du protocosme à l'intérieur de notre globe. Plusieurs voies d'accès, au pôle nord, dans les océans (au triangle des Bermudes !) et dans des gouffres terrestres, permettent aux initiés de faire le voyage.
L'image a été modifiée pour symboliser le lieu.

Suivez les trajets des carrés permutés.

Quel symbole ?

Philosophe ★★★

Casanova était aussi penseur que séducteur. Dans l'*Icosaméron*, il s'exprime sur les conditions dans lesquelles on peut jouir de ses connaissances.
Ici chaque lettre est remplacée par une lettre de l'alphabet.

F'WJVVI CI ZIBK XJBDN OI HI UB'DF QTDK UB'TBKTCK UB'DF ZIBK FI HJVVBCDUBIN T UBIFUB'BC

Cherchez le mot JOUIR.

Que dit Casanova ?

Maçon sur le Grand Canal ★★★

Vénitien et franc-maçon, Casanova n'hésite pas à placer une figure symbolique dans ce tableau de Canaletto.

Suivez les trajets des cases déplacées.

Quel symbole ?

Le futur sous nos pieds ★★★

Casanova transmet un message des habitants du centre de la terre en utilisant le code utopiste de Thomas More mais avec une correspondance différente des lettres.

Indice : le message contient le mot PROGRES.

Quel est le message ?

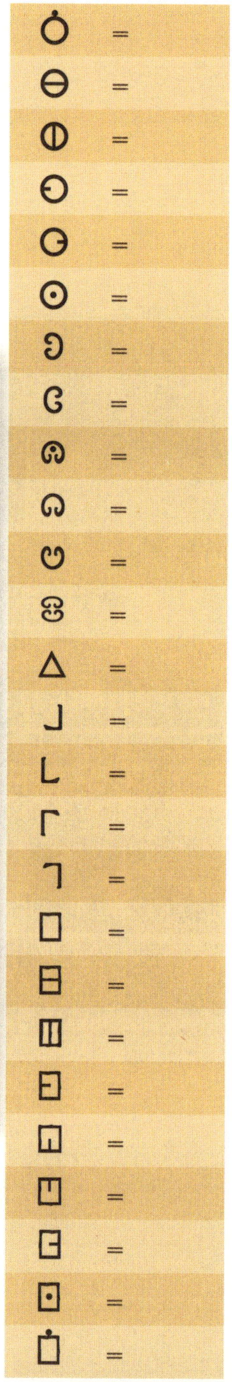

Sous la tête de gondole ★★

La tête de gondole, symbole de la patrie de Casanova, cache en partie la rencontre de deux carrés et deux cercles.

Imaginez les rencontres cachées.

Combien de zones sont définies ?

Le code Chappe ★

Casanova parvient à envoyer un message à la France entière, par la toute nouvelle technologie du télégraphe optique des frères Chappe, normalement exclusivement réservé à l'usage administratif et militaire.

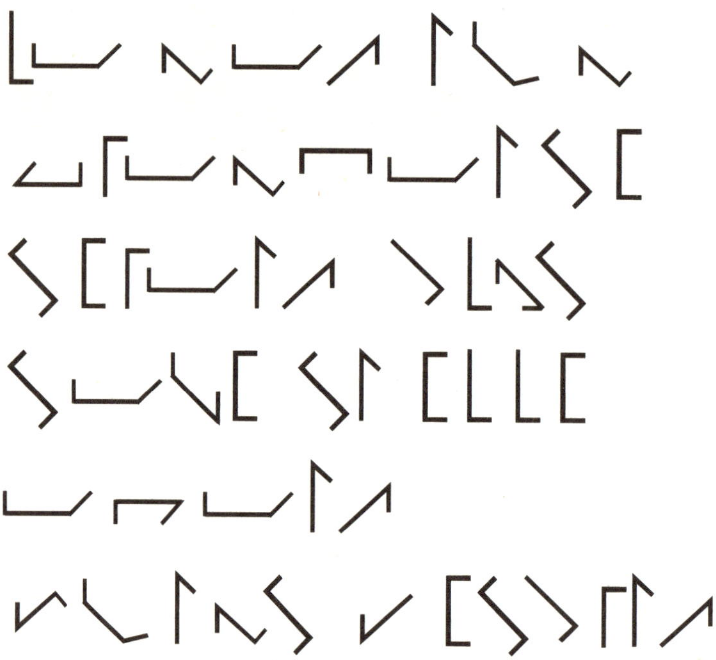

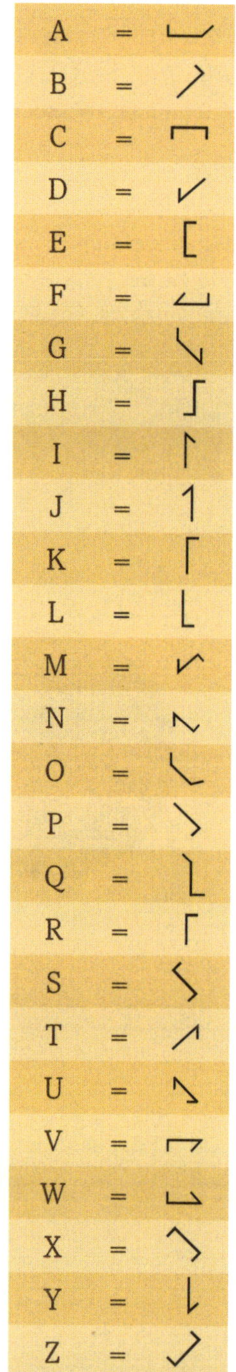

Que dit Casanova ?

Utilisez la table des correspondances.

Une phrase de Casanova ★★★

Il s'exprime ici sur son activité d'espion, en utilisant encore le code Chappe mais avec d'autres correspondances de lettres.

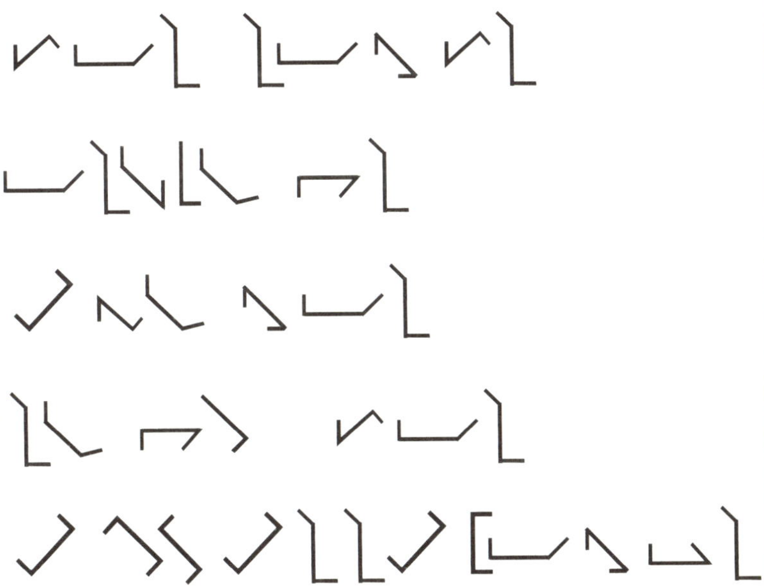

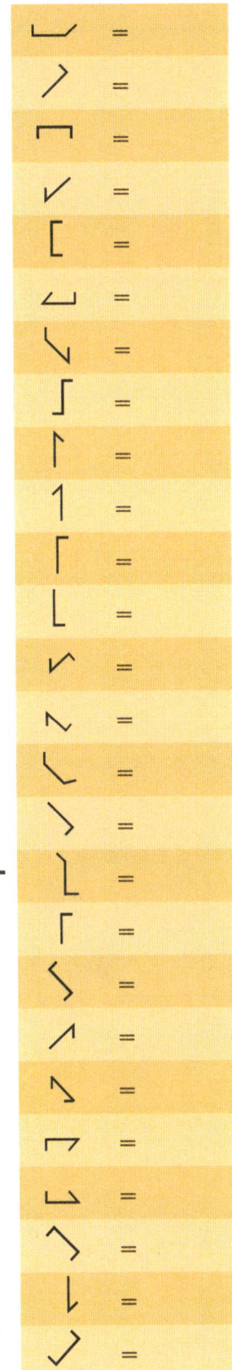

Quelle est la phrase ?

Indice : le texte contient le mot ESPIONS.

Musicien ★

Casanova jouait aussi d'un instrument de musique.

Sautez régulièrement de lettre en lettre.

Quel instrumentiste était-il ?

Au sujet du secret ★

Casanova chiffre cette phrase avec un système expérimental des frères Chappe, qui ne fut jamais mis en œuvre. Il consistait en un ensemble de volets pouvant être ouverts ou fermés.

Que dit Casanova ?

Décodez avec la table des correspondances.

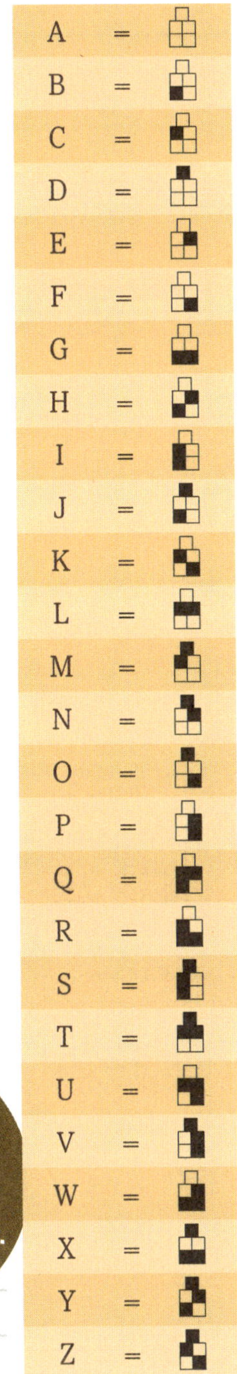

La ville de Casanova

Sa ville natale est VENISE.

Science-fiction et terre creuse

Les échanges de carrés forment XX, soit 20, le nombre de faces d'un icosaèdre.

Le thème de la terre creuse a été repris plus récemment, notamment par Rudy Rucker.

Philosophe

Seul le mot XJBDN a 5 lettres toutes différentes. Il nous donne les correspondances de J, O, U, I et R. Cela nous permet d'aboutir à : « *L'homme ne peut jouir de ce qu'il sait qu'autant qu'il peut le communiquer à quelqu'un* ».

Maçon sur le Grand Canal

Les déplacements des cases tracent le sceau de Salomon.

Le futur du centre

PROGRES, 7 lettres dont la même en 2 et 5 se retrouve au douzième mot.

Nous vivons sous vos pieds mais notre civilisation avancée précède vos progrès de plusieurs siècles.

Sous la tête de gondole

On compte un total de 10 zones.

Le code Chappe

La nation française serait plus sage si elle avait moins d'esprit.

Une phrase de Casanova

ESPIONS se repère comme troisième mot : seul mot de sept lettres. Les lettres qu'il révèle donnent la clé du reste :
Les seuls espions avoués sont les ambassadeurs.

Musicien

Casanova était violoniste.

Au sujet du secret

Un secret qu'on surprend est un larcin qu'on fait.

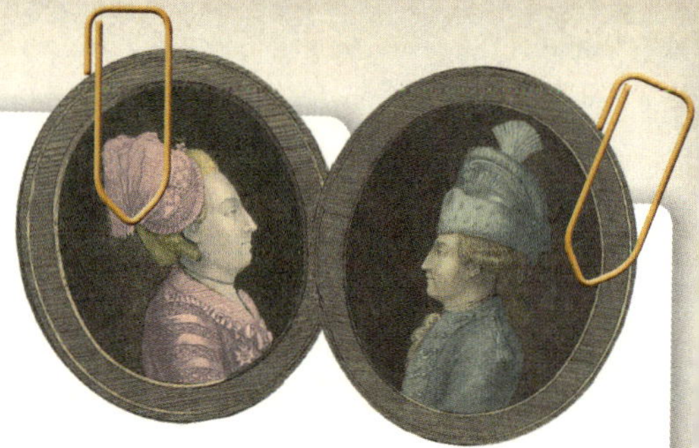

La loge du chevalier ★★

Le chevalier d'Éon fut affilié au « Secret du Roi » sous Louis XV, mais non sans avoir été initié franc-maçon à la loge française de Londres et avoir jonglé toute sa vie avec sa féminité.

Sautez régulièrement de lettre en lettre.

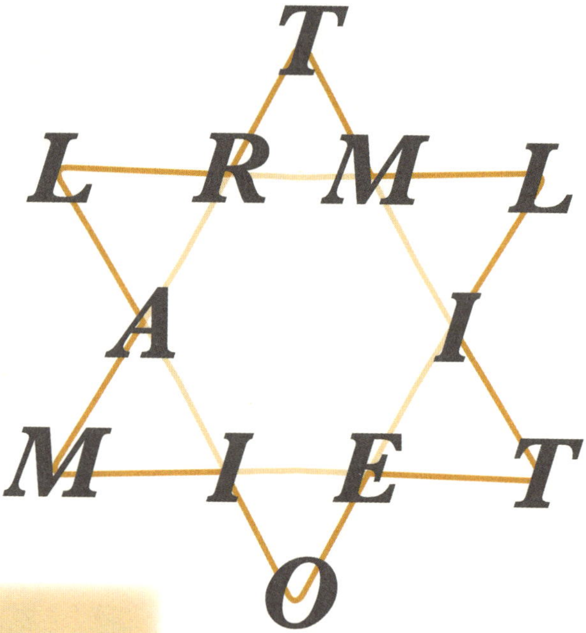

Quel est le nom de cette loge ?

Les personnages de sa vie ★

Ces personnages jouèrent, avec le roi de France Louis XV, des rôles important dans la vie d'Éon.

T V C E
I G
X
F N
M
S L K
O
J D
P R A
B H
U W Q

Deux personnages ne peuvent s'écrire avec ces 24 lettres.

- Prince de Conti
- La tsarine Elisabeth
- Carlet de la Rozière
- Duc de Nivernois
- Claude François Régnier
- Tressac de Vergy
- Ange Goudar
- Maréchal de Broglie
- Théveneau de Morande
- Caron de Beaumarchais
- Mrs Cole

Quels sont ces deux personnages ?

La ville natale ★★

Avant de monter à Paris, le chevalier était né dans une ville de Bourgogne.

Lisez la ville en suivant les faces qui se touchent.

Quelle ville ?

Saint-Georges et le dragon ★

Le chevalier de Saint-Georges s'affronte au chevalier d'Éon, capitaine de dragons, quoiqu'habillé en femme. Des détails déplacés forment une courbe.

Quelle courbe géométrique ?

Suivez les trajets des carrés déplacés.

Charles-Geneviève-Louis-Auguste-André ... ★★

Le chevalier utilisait souvent son sixième prénom comme code, car il était aussi peu courant à l'époque qu'aujourd'hui.

Lisez en sautant régulièrement de lettre en lettre.

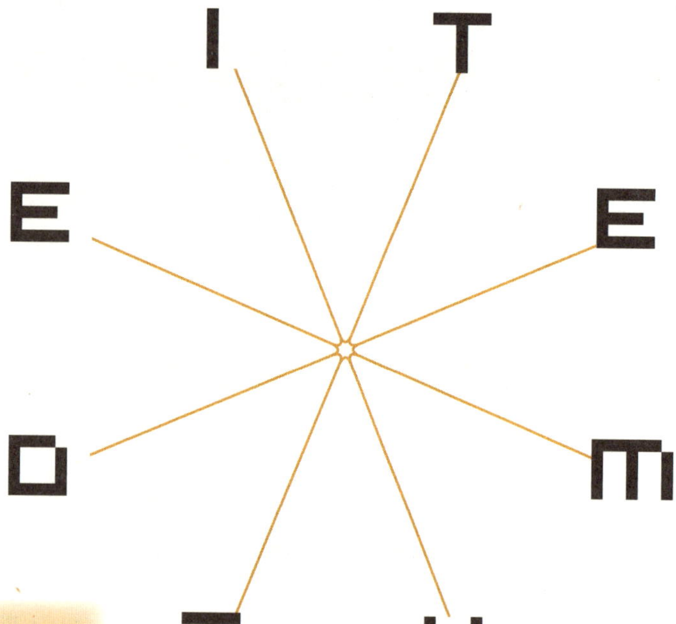

Quel prénom ?

Un masque féminin ★★★

Son visage féminin l'aidait à masquer son identité. Ici, le médaillon masque la rencontre de deux triangles, un cercle et une droite.

Imaginez les figures sous le médaillon.

Combien de zones sous le portrait ?

Compter les ÉON ★

Le nom du chevalier peut se lire de plusieurs manières dans ce diagramme.

É
N O N
É O É O É
N O N
É

Suivez les lettres qui se touchent.

Combien de fois lit-on ÉON ?

Le chiffre du roi ★★★

Pour ses messages chiffrés, Éon utilisait le Grand Chiffre de Louis XIV, qui était incraquable au dix-huitième siècle : on ne découvrit ses faiblesses qu'un siècle plus tard.

Ce système consiste à répéter un mot clé sous le texte à chiffrer et à décaler chaque lettre selon la lettre de la clé, 0 pour A, 1 pour B, 2 pour C, etc. (Au-delà de Z on revient à A).

On fait l'inverse pour décoder.

HZND XENJSRCYC

HUVVXJIOAV PJ GOEV

EAVC DWEWRNGG

GFEOAU QJICEGHN

Le mot-clé est FRANCE.

Quel est le message ?

Diplomatie internationale ★★★

Ce message concernant des pays voisins est aussi codé par le Grand Chiffre. Il est formaté en groupes de 5 lettres, pour éviter les pertes de lettres à la copie, qui sont catastrophiques dans ce système.

PTWER VPEMH TVIEE

VICXY RTEPP XERGT

WIGGI XIPZI GAIWW

JIHSX W

La clé est l'arme portée par les mousquetaires.

Quel est le message ?

Le Secret du Roi en péril ★★★

Ce message révèle une menace pour les services mêmes du Secret du Roi.

PRKJA QECIA IJZDT

ZPLPS XSLJT ZLYWE

ZXEGS APNVW OWRDO

VOCIK

Quel est le message ?

La clé est la demeure du Roi.

La loge du chevalier

L'Immortalité.

Les personnages de sa vie

Sans Y et Z, impossible d'écrire Carlet de la Rozière et Tressac de Vergy.

La ville natale

Le chevalier était né à TONNERRE.

Saint-Georges et le dragon

Les déplacements de carrés forment une ellipse.

Charles-Geneviève-Louis-Auguste-André ...

... Timothée

Solutions Le Chevalier d'Éon

Un masque féminin

Les figures définissent 8 zones.

Compter les EON

Chaque E périphérique touche 1 O qui touche 2 N, soit un total de 4 x 2 = 8.

Le E central touche 4 O, qui touchent chacun 2 N, soit 4 x 2 = 8.

On a au total 8 + 8 = 16 EON.

Le chiffre du roi

Cinq vaisseaux quitteront le port avec quarante canons mercredi.

```
CINQVAISSEAUXQUITTERONTLEPORTAVECQUARANTECANONSMERCREDI
FRANCEFRANCEFRANCEFRANCEFRANCEFRANCEFRANCEFRANCEFRANCEF
HZNDXENJSRCYCHUVVXJIOAVPJGOEVEAVCDWEWRNGGGFEOAUQJICEGHN
```

Diplomatie internationale

Les Anglais préparent une alliance secrète avec les Suédois.

```
LESANGLAISPREPARENTUNEALLIANCESECRETEAVECLESSUEDOIS
EPEEEPEEEPEEEPEEEPEEEPEEEPEEEPEEEPEEEPEEEPEEEPEEEPE
PTWERVPEMHTVIEEVICXYRTEPPXERGTWIGGIXIPZIGAIWWJIHSXW
```

Le Secret du Roi en péril

Un traître infiltré à la cour transmet nos secrets à Londres.

```
UNTRAITREINFILTREALACOURTRANSMETNOSSECRETSALONDRES
VERSAILLESVERSAILLESVERSAILLESVERSAILLESVERSAILLES
PRKJAQECIAIJZDTZPLPSXSLJTZLYWEZXEGSAPNVWOWRDOVOCIK
```

Reine et espionne ★

Marie-Antoinette d'Autriche partage avec Marie Stuart le très rare privilège d'avoir été à la fois reine et espionne, puisqu'elle a transmis des informations stratégiques aux ennemis de la France.

Il est vrai qu'elle est née hors de France. Trouverez-vous où ? Elle reçoit un cube de cristal où sont gravées les lettres de sa ville natale.

Lisez en suivant les faces qui se touchent.

Où est née Marie-Antoinette ?

VIENNE.

Le château d'enfance ★★

Marie-Antoinette fut élevée dans l'un de ces châteaux :

Frohsdorf

Liechtenstein

Hartheim

Retzhof

Schönbrunn

Kaiservilla

Stadtpalais

Hochosterwitz

Seggau

Trautenfels

Dornach

Son nom ne peut s'écrire avec ces 25 lettres.

Quel château ?

L'Île aux épis ★★★

Dans cette île sur le Rhin, Marie-Antoinette devint officiellement française. Le rituel voulut qu'elle y laissât tous ses biens, y compris ses vêtements. L'île est hérissée d'épis de béton submergés qui ont une fonction cachée.

Lire la fonction en sautant régulièrement lettre à lettre.

Quelle fonction ?

Une figure dans la Tour ★★★

La Tour de Marlborough, près de la ferme de Marie-Antoinette, recèle une figure cachée.

Suivez les déplacements et les échanges de cases.

Quelle figure ?

Le hameau de la reine ★★

Le hameau qui amusa Marie-Antoinette mais ruina sa réputation de reine sérieuse, peut se lire de nombreuses manières dans ce réseau.

		H	U		
		A	A		
H	A	M	E	A	U
U	A	E	M	A	H
		A	A		
		U	H		

Suivez les lettres qui se touchent mais une seule fois chacune.

Combien lit-on de HAMEAU ?

La guillotine ★★

La machine, qui abrégea Marie-Antoinette et sa vie par la même occasion, masque en partie la rencontre de trois carrés et deux droites.

Imaginez les figures sous la machine.

Combien de zones sont délimitées ?

La grille de Polybe ★

	1	2	3	4	5
1	A	B	C	D	E
2	F	G	H	I	J
3	K	L	M	N	O
4	P	Q	R	S	T
5	U	V	W	X	Y

Les conseillers de Marie-Antoinette lui proposèrent d'utiliser un système de codage qui était dû à Polybe, un Grec vivant à Rome, deux siècles avant notre ère. Cela consiste à écrire les 25 lettres de l'alphabet dans un carré et à représenter chaque lettre par le numéro de sa ligne et celui de sa colonne. Chaque lettre est ainsi remplacée par un nombre de deux chiffres. À l'inverse, décoder consiste à se rapporter à la grille pour remplacer chaque nombre par une lettre.

24 32 21 11 51 45 43 15 45 43
35 51 52 15 43 33 35 34 13 35
32 32 24 15 43 24 32 55 52 11
14 15 33 35 34 23 35 34 34 15
51 43

Utilisez la grille de Polybe.

Que dit le message ?

Ultime et fatal message ★★★

	1	2	3	4	5
1	P	A	R	I	S
2	F	G	H	I	J
3	K	L	M	N	O
4	P	Q	R	S	T
5	U	V	W	X	Y

Un raffinement du système, qui le rend moins vulnérable (mais pas infaillible), consiste à convenir d'une clé secrète et à l'écrire sur les premières lignes de la grille (sans répéter les lettres semblables) comme ci-dessus PARIS et à combler la grille dans l'ordre alphabétique, sans répéter les lettres de la clé. Le message qui suit est codé par une autre clé.

41 25 43 25 51 43 41 25 45 25

12 25 52 21 41 11 25 12 25 11

21 51 12 25 15 14 51 11 12 13

23 33 25 13 15 25 52 13 11 14

22 41 25

Indice : la clé est un palais de marbre à Versailles.

Quel est le message ?

Affaire de colliers ★

La trouble « affaire du collier », dont la reine n'était d'ailleurs pas responsable, jeta néanmoins la suspicion sur sa personne et ses fréquentations. Mais en réalité, n'y avait-il qu'un seul collier ?

Combien de boucles ?

Suivez les boucles avec précision.

Dînette de reine ★★

Bien que la révolution soit déjà en cours, la reine ne se refusait pas les plaisirs de la table et organisa un immense banquet pour ses courtisans. En voici le détail.

Menu

Lapins glacés	66
Cœurs de belettes	826
Homards braisés	77
Confits de serins	629
Vols au vent fumés	5424
Meringues des prés	439
Gibelottes de fraises	......

Combien de gibelottes de fraises ?

Suivez la logique des plats.

Reine et espionne

Elle est née à VIENNE.

Le château d'enfance

Elle est élevée dans le château de Schönbrunn. Sans B, il est impossible de lire le nom du lieu.

L'Île aux épis

Les épis de béton ont pour fonction de « ralentir le Rhin » pour rendre son cours navigable.

Une figure dans la Tour

La figure est un carré traversé d'une droite.

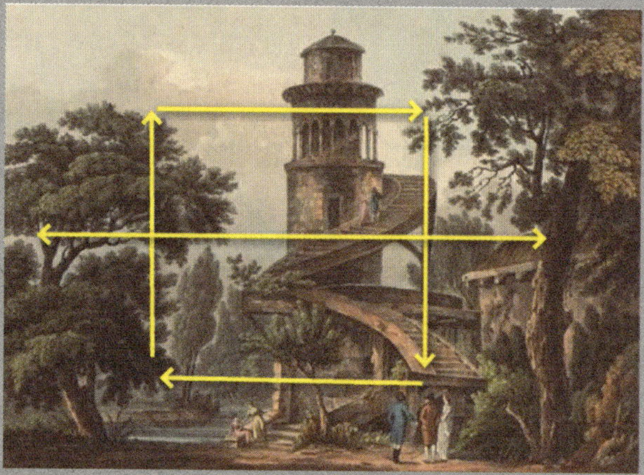

Le hameau de la reine

Chaque H touche 2 AM, touchant chacun 2 E, touchant chacun 4 AU.
Au total 2 x 2 x 4 = 16 HAMEAU.

La guillotine

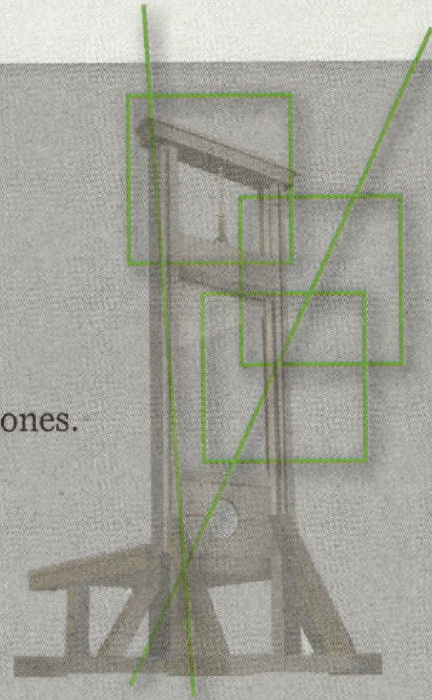

Les figures délimitent 10 zones.

La grille de Polybe

Il faut retrouver mon collier, il y va de mon honneur.

Ultime et fatal message

La clé est TRIANON, qui donne cette grille :

	1	2	3	4	5
1	T	R	I	A	N
2	O	B	C	D	E
3	F	G	H	J	K
4	L	M	P	Q	S
5	U	V	W	X	Y

Le peuple se révolte. Retour en Autriche inévitable.

C'est en suivant un conseil comme celui-ci que le roi et la reine tentent de fuir, se font prendre, sont accusés de trahison et sont condamnés.

Affaire de colliers

Il y a deux boucles indépendantes, donc 2 colliers.

Dînette de reine

Il y avait 729 Gibelottes de fraises : de la droite vers la gauche, les nombres de lettres des mots.

Mycroft Holmes

L'obscur des obscurs ★★

Mycroft est le frère, bien plus génial encore, de Sherlock Holmes, mais personne ne le connaît. Il est aussi beaucoup moins actif. Il bouge rarement de son club, qui est l'un de ceux-ci :

Caledonian Club

Beefsteak Club

Eccentric Club

Diogenes Club

Army and Navy Club

Jockey Club

Primerose Club

Alpine Club

Kennel Club

Athenaeum Club

Carlton Club

T V C N Z E
X F Q I M
S L K O
J D
P R A
B H
U W Y

Son club ne peut s'écrire avec ces 25 lettres.

Quel est le club de Mycroft ?

Une avenue célèbre ★★

Par commodité, car elle est proche de ministères qu'il conseillait secrètement, Mycroft habitait une célèbre avenue de Londres.

Lisez l'avenue en suivant les faces qui se touchent.

Quelle avenue ?

Son métier ★★

Mycroft joue un rôle particulier et confidentiel entre les ministères du gouvernement britannique.

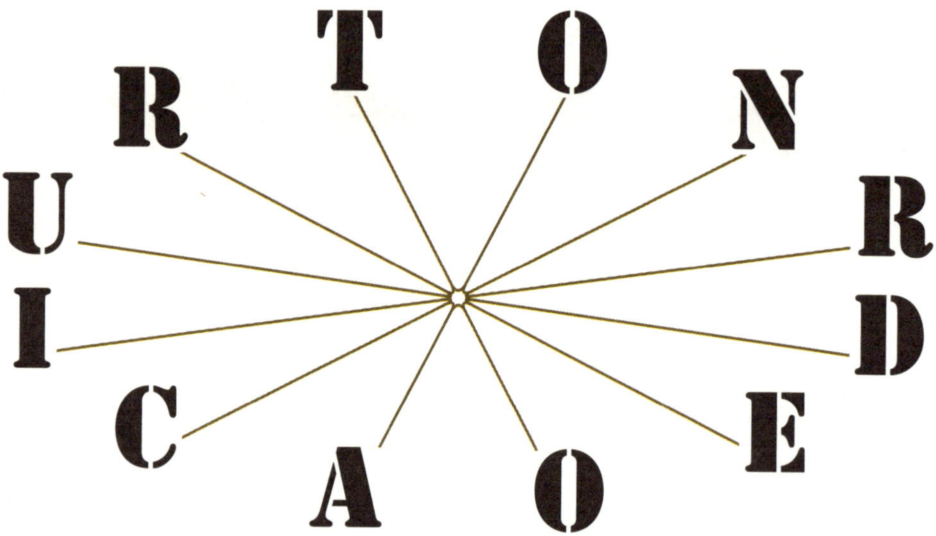

Quel métier ?

Sautez régulièrement de lettre en lettre.

La coiffe d'Oxford ★★★

La coiffe traditionnelle de diplômé d'Oxford masque en partie la rencontre de deux cercles et deux triangles.

Imaginez les figures sous la coiffe.

Combien de zones ?

La transposition rectangle ★★

Mycroft semble avoir codé ses messages par une méthode consistant à désorganiser les colonnes d'un rectangle.

Le texte est écrit dans un rectangle ayant par exemple six colonnes. On comble avec des lettres quelconques pour fermer le rectangle. On écrit au-dessus un mot-clé de 6 lettres toutes différentes. Enfin, le cryptage consiste à mettre les lettres du mot-clé par ordre alphabétique en entraînant avec chaque lettre la colonne qui est dessous.

N	A	V	I	R	E
C	I	N	Q	B	A
T	E	A	U	X	C
H	A	R	G	E	S
D	E	M	U	N	I
T	I	O	N	S	C
I	N	G	L	E	N
T	V	E	R	S	L
I	V	E	R	P	O
O	L	W	X	Y	Z

⇄

A	E	I	N	R	V
I	A	Q	C	B	N
E	C	U	T	X	A
A	S	G	H	E	R
E	I	U	D	N	M
I	C	N	T	S	O
N	N	L	I	E	G
V	L	R	T	S	E
V	O	R	I	P	E
L	Z	X	O	Y	W

Avec le même système, quel est ce message ?

NSAUIV EEUSDA
UERGRE HINCOI
MCNSAE GABERI
TBRLJA

Le mot-clé est MARINE.

Le ministère chiffré ★★★

Par le biais de cette image du ministère des Affaires Étrangères et des Indes, où il travaille souvent, Mycroft Holmes envoie un nombre.

Le chiffre des unités est le nombre de carrés de cette image tournés dans le sens horaire et les dizaines le nombre de carrés tournés en sens inverse.

Quel nombre ?

Comptez les carrés tournés dans chaque sens.

Message diplomatique

★★★

Ce message est codé par la méthode rectangle chère à Mycroft Holmes. Il répond à la demande d'un pays étranger de conclure un pacte d'alliance militaire.

Indice : ce qui sépare l'Angleterre et la France.

OREENT TNETNE
ODAICR EVCELA
ARNALF EOSUCN NEDRIT
TNAPIU TAEVCE LLELCA
ANHEMG

Quel est ce message ?

Rappel de l'étiquette interne ★★★

Message également codé par la méthode rectangle.

ONFMERI MIMDIEZ MTENTEA
OACROUL DNESDEN IFFULCI
DESNOET EREPIMT UEAINXR
DESVAED ETLOUSN EEVENML
SDEOPPT TLAONIU CLOLEAS
NLBPKLS

Indice : la famille royale.

Quel est ce message ?

Le grec de l'interprète ★★

En relatant l'aventure de l'Interprète Grec, qui amène Sherlock à travailler avec Mycroft, Watson en a omis un aspect particulier. L'interprète Melas s'est trouvé en présence d'un billet en français mais écrit en caractères grecs. Certains caractères sont trompeurs ...

ϑΕ ΝΕ ΣΙΓΝΕΡΑΙ ϑΑΜΑΙΣ

ΛΕΣ ΔΟΧΥΜΕΝΤΣ ΘΥΕ

ΜΕΣ ΡΑϛΙΣΣΕΥΡΣ Μ

ΟΝΤ ΠΡΕΣΕΝΤΕΣ ΕΤ ΘΥΙ

ΡΕϛΙΕΝΔΡΑΙΕΝΤ Α ΛΕΥΡ

ΔΟΝΝΕΡ ΤΟΥΤΕΣ ΜΕΣ

ΠΟΣΣΕΣΣΙΟΝΣ

Aidez-vous des caractères reconnaissables.

Que dit le billet ?

Κ	=
Η	=
Ε	=
Φ	=
Λ	=
Δ	=
Τ	=
Ρ	=
Ζ	=
Π	=
Ο	=
Ω	=
Ν	=
Ψ	=
Σ	=
Ξ	=
Α	=
Μ	=
Γ	=
Υ	=
Ι	=
Χ	=
Θ	=
ϛ	=
Β	=
ϑ	=

En cas de malheur ★★★

Dans un autre billet, le prisonnier grec tente d'utiliser les caractères grecs, mais dans une autre correspondance avec les lettres latines.

ΣΦ ΓΔΟΘΧΦ ΤΙϑ ΟΗ

ΜΗΟΞΑΑΦ ΘΔΙϑ ΦΥΦϑΓΦϑ

ΙΖΦ ΧΦϑϑΞΠΑΦ ΕΦΖΝΦΗΖΓΦ

Τ ΞΑ Ο ΗϑϑΞΕΗΞΧ ΟΗΑΚΦΙϑ

Κ	=
Η	=
Ε	=
Φ	=
Λ	=
Δ	=
Τ	=
Ρ	=
Ζ	=
Π	=
Ο	=
Ω	=
Ν	=
Ψ	=
Σ	=
Ξ	=
Α	=
Μ	=
Γ	=
Υ	=
Ι	=
Χ	=
Θ	=
ς	=
Β	=
ϑ	=

Indice : le prisonnier parle de MALHEUR.

Que dit ce nouveau billet ?

L'obscur des obscurs

Le Diogenes Club ne peut s'écrire sans

Une avenue célèbre

Mycroft Holmes habitait Pall Mall.

L'Île aux épis

Il est coordinateur.

La coiffe d'Oxford

Les figures délimitent 13 zones.

La transposition rectangle

Un vaisseau de guerre chinois menace Gibraltar.

Le décryptage consiste à écrire MARINE en ordre alphabétique en première ligne du tableau : AEIMNR, puis le message crypté dans le tableau. Quand on remet MARINE en ordre en faisant suivre les colonnes, le texte clair apparaît.

Le ministère chiffré

Trois carrés tournés vers la gauche, quatre vers la droite, le chiffre est 34.

Message diplomatique

La clé est MANCHE et le message devient clair.

Notre entente cordiale avec la France nous interdit un pacte avec l'Allemagne.

Rappel de l'étiquette interne

La clé est WINDSOR, ce qui entraîne un rectangle large de 7 lettres et donne :

Informez immédiatement la Couronne des difficultés de notre Empire aux Indes devant le soulèvement des populations locales.

Le grec de l'interprète

Je ne signerai jamais les documents que mes ravisseurs m'ont présentés et qui reviendraient à leur donner toutes mes possessions.

En cas de malheur

Je compte sur ma famille pour exercer une terrible vengeance s'il m'arrivait malheur.

Le seul mot de 7 lettres toutes différentes pouvant représenter MALHEUR est le dernier. Le reste suit.

Bertillon bertillonné ★

Fondateur du « système bertillon » pour ficher et reconnaître les criminels. Cruelle et tragique défaillance : Bertillon a faussement identifié l'écriture de Dreyfus sur un document que celui-ci n'a pas pu écrire…

Il a mis en valeur certaines traces caractéristiques laissées par l'homme.

Lisez les traces en suivant les faces qui se touchent.

Quelles traces ?

Empreintes digitales ★★

Alphonse a appris à la police l'importance des empreintes digitales et comment elles permettent d'identifier les auteurs d'un crime.
Parmi ces empreintes-ci, toutes sont reproduites trois fois, entières ou en partie, sauf une qui est unique.

Comparez les détails.

Quelle empreinte est unique ?

Sa science ★★

Le travail de Bertillon aboutit à fonder une science.

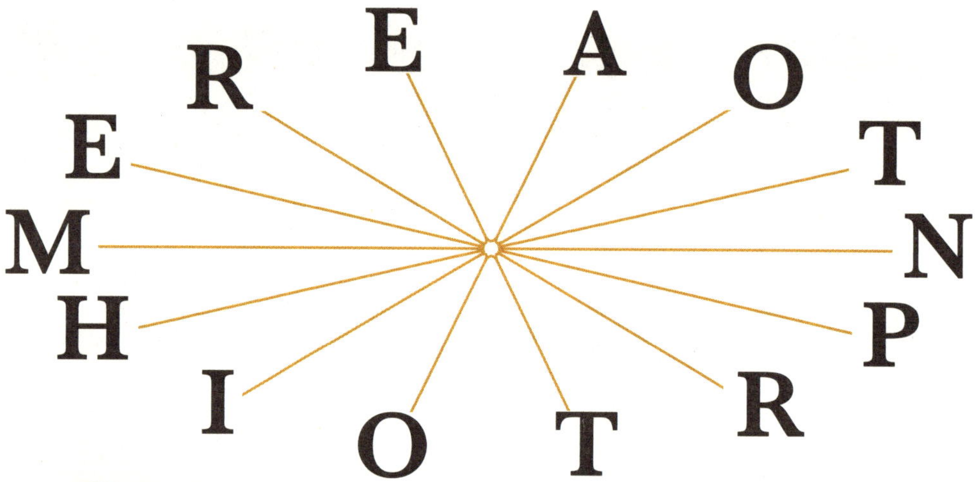

Sautez régulièrement de lettre en lettre.

Quelle science ?

Le portrait parlé ★★★

Le portrait parlé est la grande innovation d'Alphonse Bertillon qu'il destinait à répertorier les criminels récidivistes.

Sa table de référence a été ici bouleversée pour coder un nombre, les carrés tournés dans le sens horaire sont les unités, ceux tournés en sens contraire sont les dizaines.

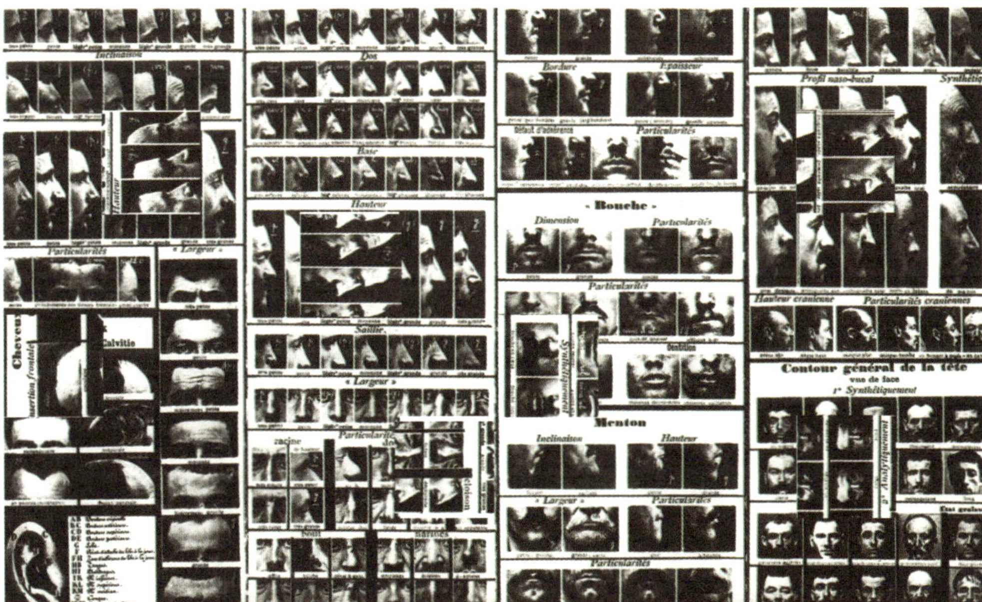

Quel nombre ?

Comptez les rotations dans chaque sens.

Le système Bertillon ★

Le fichage des criminels enregistre les données physiques caractéristiques des individus :

Taille

Envergure, de l'épaule gauche au majeur droit

Longueur du tronc

Longueur de la tête

Largeur de la tête

Longueur de l'oreille droite

Longueur du pied gauche

Longueur du médius gauche

Longueur de la coudée gauche

Couleur des yeux

Photo de face

Photo de profil

Une des caractéristiques ne peut s'écrire avec ces lettres.

T Z C N E G
F X Q I M
S L K O D
P R A B H
U W Y

Que dit le malfrat?

Un message authentique ★★

Edmond Locard, surnommé le « Sherlock Holmes français », chef du laboratoire de police technique de Lyon, a effectivement eu à décoder ce billet envoyé par un malfrat.

E L U A T A L A
T N E T A T E N
I G N A R F A M

Trouvez comment lire correctement.

Que dit le malfrat?

Un coup se prépare ★★★

Dans le même style, les complices auraient pu échanger cet autre billet.

```
T R O P A
E U M M A
L L O R R
E A C U D
C H P O I
```

Trouvez la bonne lecture.

Que dit le billet ?

Le principe de Bertillon ★★

Une réflexion sur le travail de l'observateur scientifique.

L	C	J	A	Q	D	I	O	B	S	N	R	T	R	U	Q	U	S
P	R	I	N		U	A	N	S	E	E	T	V	E	E	V	E	E
D	E	E	T		N			S			O	R	O			E	
		O															

□		□	□		□		□	□	□	□	□	□	□		□	□	□
	□	□		□	□	□		□	□		□	□	□	□	□	□	
□	□	□	□		□	□	□	□		□	□	□	□	□		□	□
□	□	□	□														

Tombez verticalement chaque lettre dans sa case.

Que pense Bertillon ?

Solutions Alphonse Bertillon

Bertillon bertillonné

Bertillon a d'abord étudié les EMPREINTES digitales.

Empreintes digitales

Sa science

Bertillon a fondé l'anthropométrie.

Le portrait parlé

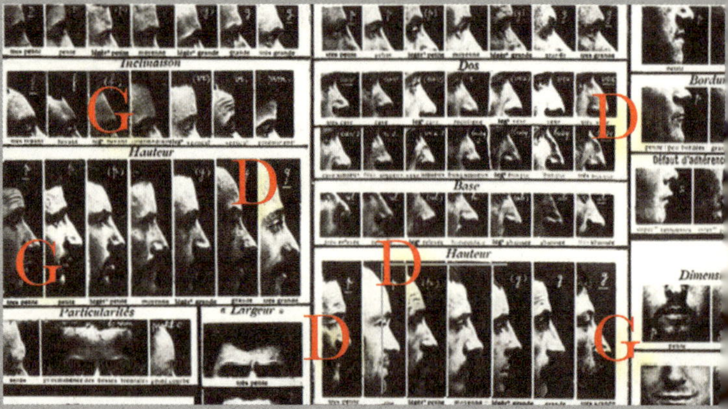

Trois à gauche,
quatre à droite,
donc 34.

Le système Bertillon

Sans V et sans J,
impossible d'écrire l'envergure.

Un message authentique

Ma frangine t'atent à la taule

Le message se lit simplement à l'envers, en partant du bas à droite. Il est textuellement dans la langue et l'orthographe du malfrat.

Un coup se prépare

En suivant ce trajet, on obtient :

Aporte le chalumo C pour mardi

(l'orthographe est celle du bandit… qui annonce les textos)

Le principe de Bertillon

L ON N OBSERVE QUE
CE QUI SE TROUVE
DEJA DANS NOTRE ES
PRIT

L'on n'observe que ce qui se trouve déjà dans notre esprit.

Tragique ironie : malgré cet excellent principe de précaution, son antisémitisme l'a amené à voir Dreyfus coupable.

Un nom élémentaire ★

Un médecin, fidèle compagnon du détective, participe à toutes les enquêtes de Sherlock Holmes.

À sa mémoire, les six lettres de son nom ont été gravées sur les faces de ce cube de cristal.

Lisez ce nom en suivant des faces qui se touchent.

Quel est son nom ?

L'espion du Kaiser ★★★

À la veille de la Première Guerre mondiale, Holmes réussit à démasquer et à maîtriser le baron Von Bock, espion allemand, qui pensait fuir avec les codes secrets de la marine.

Pour tromper la vigilance de l'espion, Holmes substitue à un livre de code un manuel sur une certaine sorte d'agriculture. Profitant de sa stupéfaction, il se précipite avec un tampon de chloroforme et l'immobilise.

Imaginez de replier les trois pages sur la page centrale.

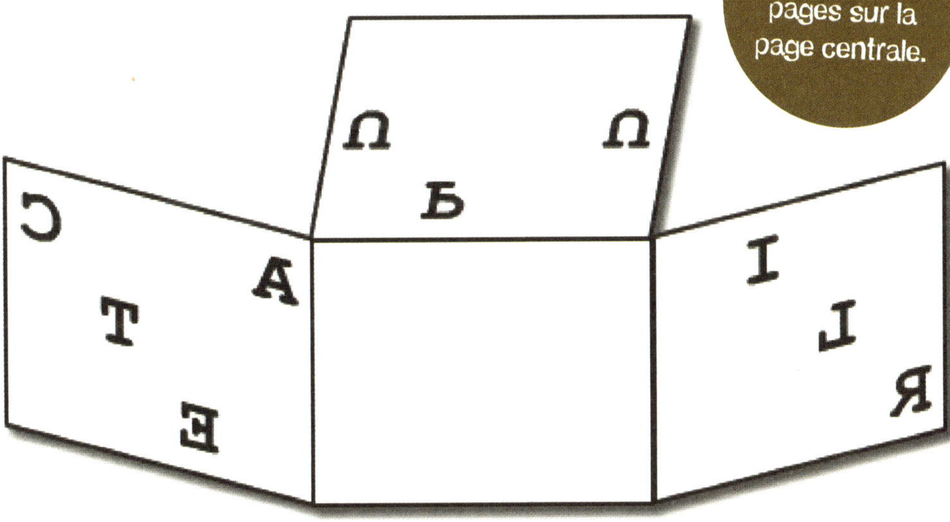

Quelle est cette agriculture ?

Le violon d'Holmes ★★

Holmes résolvait parfois ses cas difficiles en jouant du violon, mot qui peut se lire dans ce réseau de plusieurs manières, horizontalement, verticalement ou en diagonale. Chaque violon n'utilise qu'une fois chaque lettre.

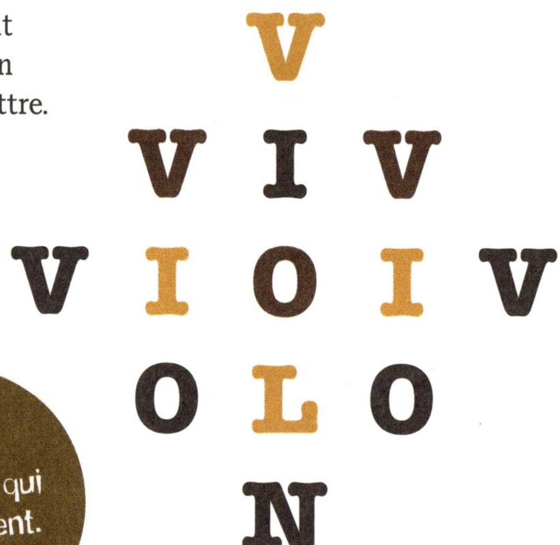

Suivez les lettres qui se touchent.

Combien de VIOLON ?

La Bande mouchetée ★

Dans l'aventure de *La Bande mouchetée*, un serpent extrêmement venimeux risque d'être pris pour une simple bande de tissu.

Mais ici, s'agit-il d'un seul reptile ?

Suivez les courbes pour bien les distinguer.

Combien de reptiles ?

La rue du détective ★★

Une rue de Londres est célèbre pour avoir hébergé Sherlock Holmes. Elle est dans cette liste :

Une lettre manque pour écrire la rue.

- Seymour Street
- Glentworth Street
- Crawford Street
- Wigmore Street
- Devonshire Street
- Baker Street
- York Street
- Dorset Street
- George Street
- Wimpole Street

T V C E
N G
X
F Q I M
S L Z
J O
D
P R A
K H
U W Y

Quelle rue ?

L'événement ★★

Dans cette image de Sherlock Holmes en action, les déplacements de certains carrés dessinent le symbole de l'événement.

Suivez les trajets des carrés déplacés.

Quelle image ?

Les danseurs de code ★

Holmes intercepte un message d'une bande de malfaiteurs qui tentent d'écouler des perles. Chaque lettre est remplacée par un danseur différent.

Repérez le mot PERLES dans le message.

Quel message ?

Retour de danse ★★★

Pour confondre les voleurs, Holmes, qui a compris leur code, leur envoie lui-même un message changeant le programme, les dirigeant vers un lieu où il pourra les capturer facilement :

Quel est le nouveau message ?

Repérez le mot PROGRAMME.

La fausse disparition ★★

Sa lutte quasi finale avec son ennemi absolu le professeur Moriarty aboutit presque à sa mort dans de célèbres chutes helvétiques. Le public resta néanmoins plusieurs années sans nouvelles du détective.

Lisez en sautant régulièrement de lettre en lettre.

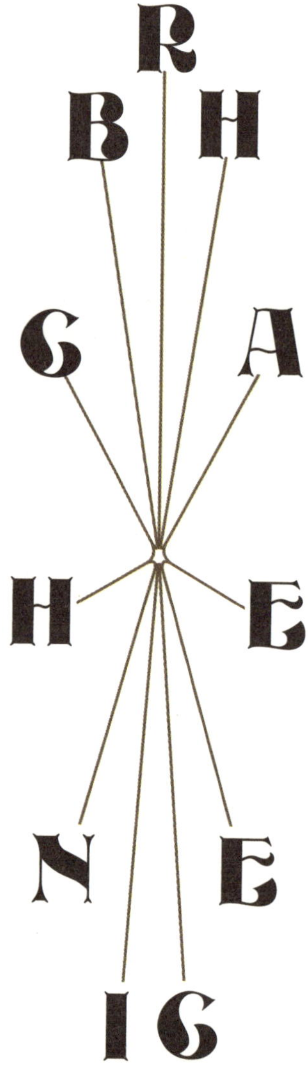

Quelles chutes ?

La loupe ★★★

L'outil emblématique de Sherlock Holmes, utilisé normalement pour découvrir des indices décisifs, masque ici en partie la rencontre de deux triangles, un cercle et une droite.

Imaginez les formes qui se croisent sous la loupe.

Combien de zones délimitées ?

Un nom élémentaire

WATSON

L'espion du Kaiser

APICULTURE

La rue du détective

Baker Street ne peut s'écrire sans B.

Le violon d'Holmes

Le V supérieur touche 1 IOL, qui touche 2 ON, donc 2 VIOLON.

Les 2 V est et ouest touchent chacun 1 I, qui touche 1 OL touchant 2 ON et 1 OL touchant 1 ON, donc 6 VIOLON.

Les 2 V des côtés touchent chacun 1 IO touchant 2 LON et 1 IO touchant 1 seul LON, donc 6 VIOLON.

Au total on lit 14 VIOLON.

La Bande mouchetée

Il y a 2 serpents.

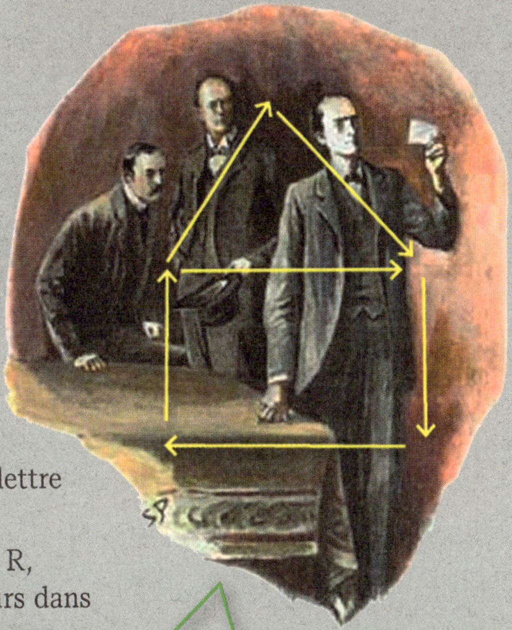

L'événement

Les trajets des carrés schématisent l'enveloppe qui contient un message clé.

Les danseurs de code

Le seul mot de six lettres où la seconde lettre est aussi l'avant-dernière est le dernier.
On a donc les lettres  = P,  = E,  = R,  = L et  = S. En reportant ces valeurs dans le message, on a : « Venez seul avec la somme prévue pour échanger les perles ».

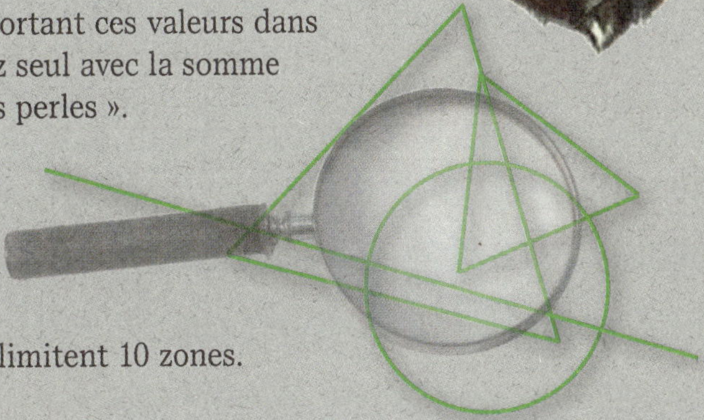

La loupe

Les figures délimitent 10 zones.

Retour de danse

Seul le troisième mot contient une lettre redoublée, une lettre avant la fin.
Cela révèle les lettres PROGAME. En les reportant on devine le reste et on obtient : « changement de programme rencontre derrière la caserne des artilleurs ».

La fausse disparition

Le combat mythique eut lieu aux chutes de Reichenbach.

Alfred Dreyfus

Artilleur à l'État-major ★

En 1894, le polytechnicien Alfred Dreyfus, officier d'artillerie, stagiaire à l'état-major de l'armée au ministère de la Guerre, est accusé de trahison par le service de contre-espionnage à cause de la similarité de son écriture avec celle d'un bordereau trahissant des secrets militaires.
Son grade à l'époque est parmi ceux-ci :

Lieutenant

Capitaine

Commandant

Colonel

Général

Maréchal

… mais le seul à ne pouvoir s'écrire avec les vingt-cinq lettres du carré.

Quelle est la lettre clé ?

G	M	K	B	S
Q	A	F	W	O
H	T	V	L	D
Y	N	E	R	I
C	J	U	Z	X

Quel grade ?

Au bagne ★★

Innocent mais néanmoins condamné, Alfred Dreyfus passe 4 ans emprisonné en Guyane.
Ce cube de cristal commémore son séjour par la gravure, sur ses six faces, des lettres de l'île où il résida.

Suivez les faces qui se touchent.

Quelle île ?

Message dans le canal ★★

Des documents concernant l'affaire Dreyfus furent retrouvés dans le canal de l'Ourcq et remis entre les mains du président Loubet.

Cela permit à Alphonse Allais de bâtir un calembour évoquant un grand monument parisien.

Reconstituez la phrase à double sens.

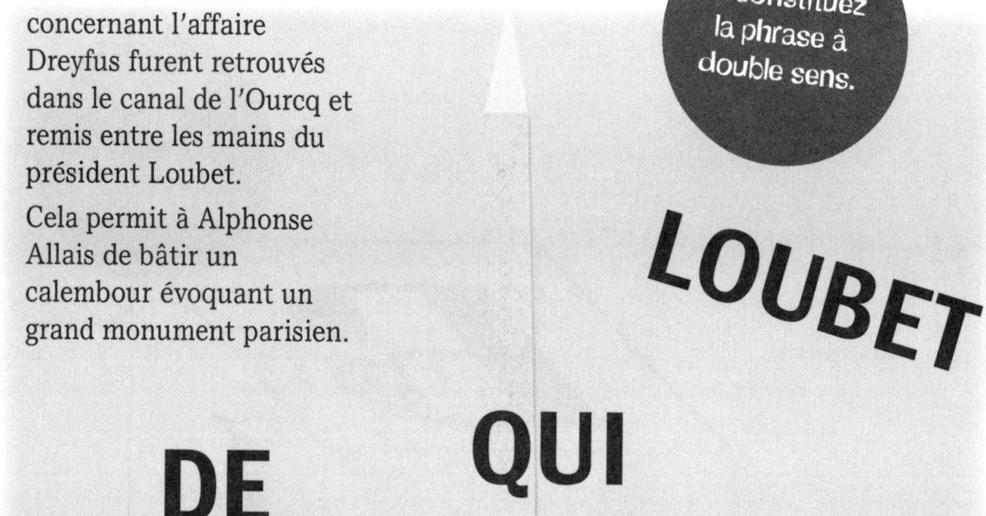

Quel monument ?

Caricature ★★

Cette caricature de Dreyfus a été modifiée pour indiquer un signe. Un certain nombre de morceaux de la figure ont été intervertis, selon un certain parcours, à la suite les uns des autres.

Vous devez reconstituer le trajet, qui servira de signe de reconnaissance.

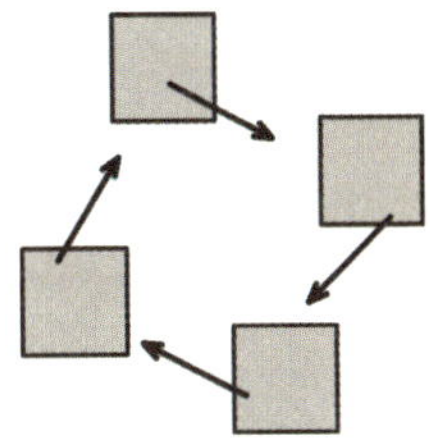

Partez d'un morceau mal placé.

Quel est le trajet ?

Les nœuds de la ceinture ★

À la cérémonie de dégradation de Dreyfus, son sabre est brisé puis son grade ainsi que tous ses insignes et ses décorations lui sont officiellement retirés. Sa ceinture est tombée à terre. Fait-elle un nœud ?

Réduisez la boucle à une forme plus simple.

La ceinture est-elle nouée ?

Le correspondant allemand ★★

L'attaché militaire de l'Ambassade d'Allemagne, Maximilian von Schwartzkoppen, est en possession d'un document codé qui n'aurait jamais dû quitter le ministère de la Guerre français. Dans ce code, chaque lettre de l'alphabet est remplacée par une autre.

KQJV CNFZCZHZNU ERU LKQMNVIWBRPPJU YJ ERXL JUEJVVNZ HJL DRKXCJUIL GXJ ERXL NIIJUDJW PNV HN ERZJ QNOZIXJHHJ.

On soupçonne que le nom de l'attaché figure dans le message.

Quel est le texte du message ?

Les journaux ★★★

Pendant toute la durée du procès et de l'« affaire Dreyfus », les journaux jouèrent un rôle important pour diffuser les vraies et les fausses nouvelles. Huit d'entre eux figurent dans ce rectangle.

Q	S	R	D	T	L	G	H	J	K	L	U	O	G
L	E	F	I	G	A	R	O	B	V	L	S	D	F
S	A	L	E	R	S	X	D	E	L	A	F	F	V
N	L	E	L	L	S	M	C	D	H	U	B	V	O
L	E	P	E	T	I	T	J	O	U	R	N	A	L
E	S	E	C	A	E	D	R	Z	M	O	E	D	E
D	I	T	R	S	T	G	R	D	A	R	F	X	R
C	F	I	I	D	T	H	G	C	N	E	D	W	Y
V	F	T	D	C	E	J	B	X	I	M	V	L	T
F	L	P	E	F	A	K	N	W	T	L	B	I	B
R	E	A	P	Z	U	L	H	A	E	J	G	G	V
R	T	R	A	L	B	Z	Y	H	Q	H	T	U	D
T	I	I	R	A	E	Q	E	N	S	G	U	Y	Q
G	K	S	I	M	U	A	A	J	D	F	J	T	Z
B	J	I	S	S	R	E	V	K	F	D	K	R	Y
N	U	E	I	R	R	R	C	R	G	S	I	E	F
H	Y	N	L	N	E	E	P	M	H	Q	O	Z	A

Lisez horizontalement ou verticalement.

Quels journaux ?

Émile Zola ★★

L'écrivain Émile Zola fit une campagne de presse décisive dans *Le Figaro* pour retourner l'opinion publique en faveur de Dreyfus. Il la termina par une lettre percutante dans *L'Aurore* avec sa célèbre lettre au président Félix Faure intitulée « J'accuse ». On y lit cette phrase clé, à reconstituer en laissant tomber les lettres verticalement dans les cases.

D	T	O	U	O	A	M	A	I	T	E	C	P	A	T	Y	L	E
U	N	O	C	L	N	F	E		N	U	F	A	S	T	E		A
	E		L	O	M	E	L		D			E	S	T			
	C		H	T		M											

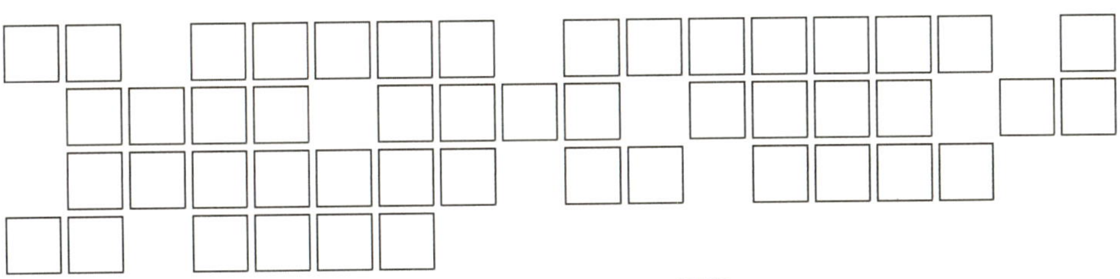

Chaque lettre descend exactement verticalement.

Quelle est la phrase ?

Facture codée ★★

La facture envoyée par un magasin de vêtements à l'attaché militaire allemand est peut-être codée.

Redingote	5,4 F
Bottines	5,3 F
Chapeau	3,4 F
Cravate	4,3 F
Chemise	? F

Suivez la logique des prix des 4 premiers articles.

Quel est le prix de la chemise ?

Une expertise ★★

Appelé à valider des documents, un graphologue envoie au tribunal ce rapport d'expertise :

Comptez bien les vrais et les faux.

Je mentirais en affirmant que ces documents sont faux.

Valide-t-il les documents ?

Artilleur

Capitaine : le carré ne comporte pas de P.

Au bagne

L'île du DIABLE.

Artilleur

L'obélisque de Louxor (***Loubet lit ce qui de l'Ourcq sort***).

Caricature

Six cases sont échangées, selon un trajet qui trace ce signe :

Les nœuds de la ceinture

La ceinture ne fait qu'une seule boucle, donc elle n'est pas nouée.

Le correspondant allemand

En cherchant le nom de l'attaché militaire dans le message, on le trouve, par la longueur de ses mots, dans les mots 2, 3 et 4. Donc C = M, N = A, F = X, Z = I, etc. En reportant ces lettres, on déchiffre rapidement :

CHER MAXIMILIAN VON SCHWARTZKOPPEN JE VOUS ENVERRAI LES DOCUMENTS QUE VOUS ATTENDEZ PAR LA VOIE HABITUELLE.

Les journaux

L'Aurore,
Le Figaro,
Le Sifflet,
Le Petit Journal,
Le Petit Parisien,
L'Assiette au Beurre,
L'Humanité
Le Cri de Paris

Q	S	R	D	T	L	G	H	J	K	L	U	O	G
L	E	F	I	G	A	R	O	B	V	L	S	D	F
S	A	L	E	R	S	X	D	E	L	A	F	F	V
N	L	E	L	L	S	M	C	D	H	U	B	V	O
L	E	P	E	T	I	T	J	O	U	R	N	A	L
E	S	E	C	A	E	D	R	Z	M	O	E	D	E
D	I	T	R	S	T	G	R	D	A	R	F	X	R
C	F	I	I	D	T	H	G	C	N	E	D	W	Y
V	F	T	D	C	E	J	B	X	I	M	V	L	T
F	L	P	E	F	A	K	N	W	T	L	B	I	B
R	E	A	P	Z	U	L	H	A	E	J	G	G	V
R	T	R	A	L	B	Z	Y	H	Q	H	T	U	D
T	I	I	R	A	E	Q	E	N	S	G	U	Y	Q
G	K	S	I	M	U	A	A	J	D	F	J	T	Z
B	J	I	S	S	R	E	V	K	F	D	K	R	Y
N	U	E	I	R	R	R	C	R	G	S	I	E	F
H	Y	N	L	N	E	E	P	M	H	Q	O	Z	A

Émile Zola

Un homme néfaste a tout fait,
c'est le colonel du Paty de Clam.

Facture codée

La logique des 4 premiers articles est de constituer le nombre du nombre de consonnes et du nombre de voyelles. La chemise vaut donc 4,3 Francs, comme la cravate

Une expertise

Si l'on inverse, il dit la vérité en affirmant qu'ils sont vrais.

Planète interdite ★

Hélène Smith, médium spirite, franchissait couramment les limites habituellement terrestres et temporelles des espions puisque ses renseignements venaient d'autres planètes ou d'autres siècles.
Une planète du système solaire lui est néanmoins restée totalement étrangère.

Mercure

Vénus

Terre

Mars

Jupiter

Saturne

Uranus

Neptune

Pluton

Charon

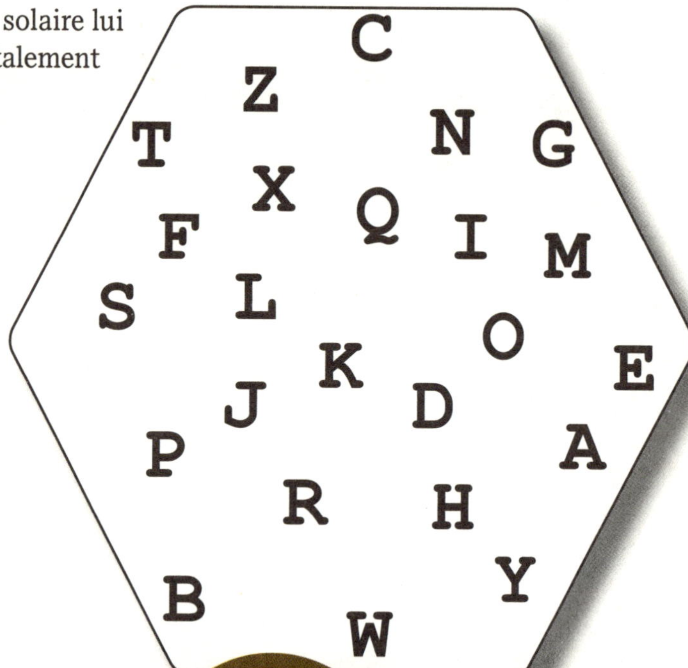

Quelle planète ?

La planète ne peut s'écrire avec ces 25 lettres.

Bienvenue les terriens ! ★

Elle rencontre sur Mars des habitants que les robots de la Nasa n'ont pas encore croisés. Ils lui demandent de faire parvenir ce message à la Terre.

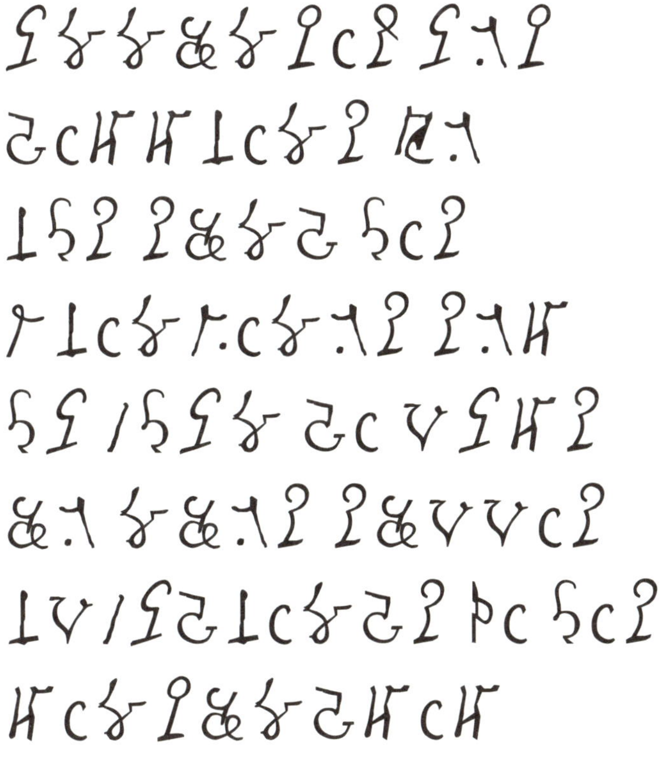

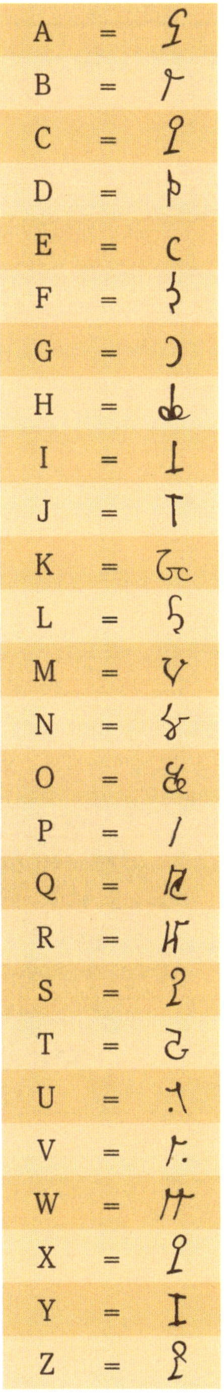

Quel est le message ?

Usez de la table des correspondances.

Surréaliste ? ★★

Hélène Smith attire l'attention d'un grand poète surréaliste qui ne dédaignait pas faire tourner lui-même les tables pour communiquer avec l'au-delà.

Lisez le poète en suivant des faces qui se touchent.

Quel poète ?

Portrait masque ★★★

Ce portrait d'Hélène Smith masque en partie la rencontre d'un triangle et d'un carré avec deux droites.

Imaginez les figures géométriques sous le portrait.

Combien de zones sont délimitées ?

Hélène Smith

Communication ★★

Hélène utilisait la technique de ceux qui tentent de communiquer avec l'« au-delà » et les esprits des morts.

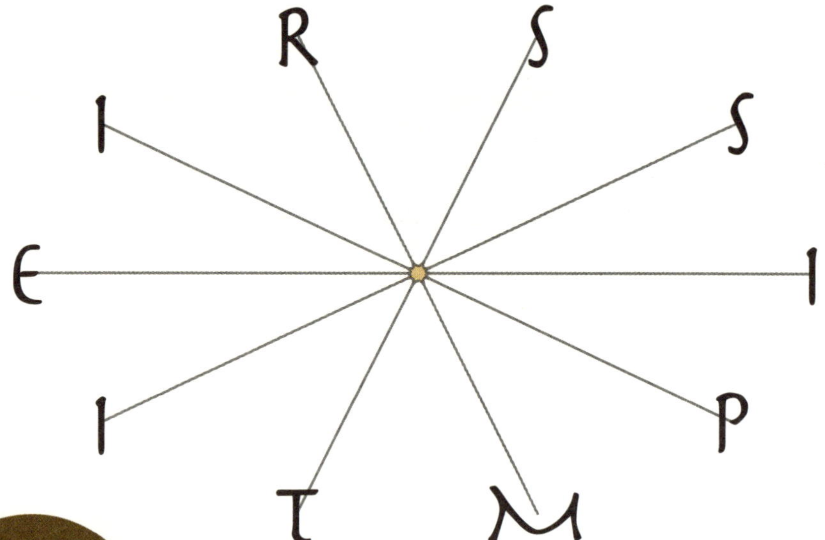

Lisez en sautant régulièrement de lettre en lettre.

Quelle technique ?

Paysage bouleversé ★★★

Ce paysage martien a subi des bouleversements qui ont un sens.

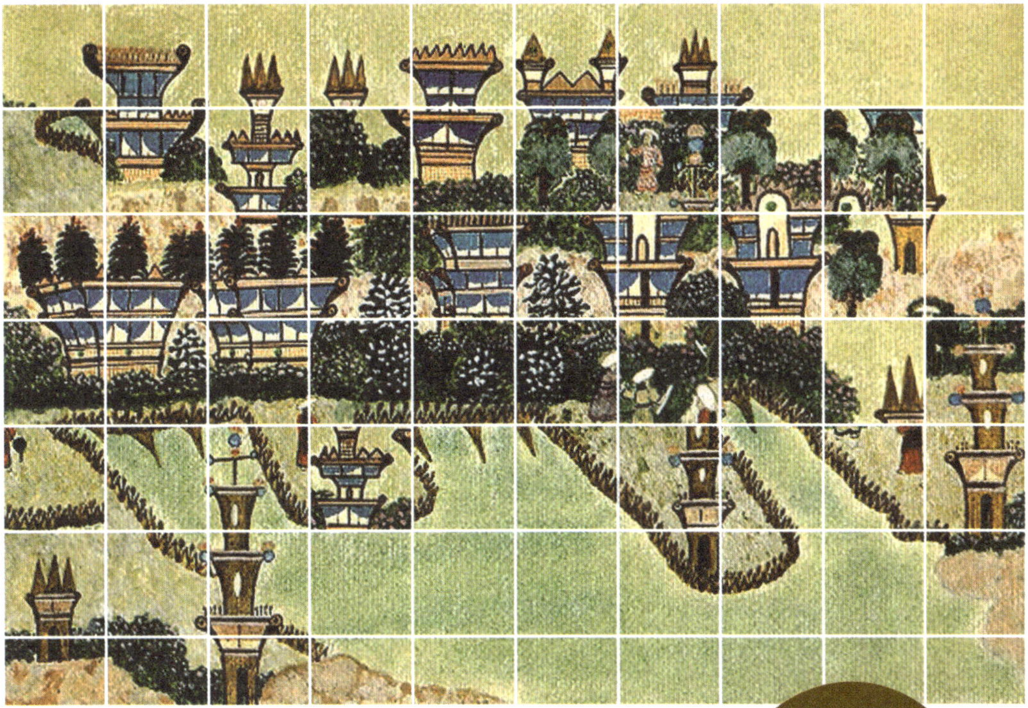

Suivez les trajets des carrés déplacés.

Quel sens ?

Hélène Smith

Tous les Mars ★★★

MARS se lit de nombreuses façons dans ce réseau.

```
        M
      S A S
    M A R A M
  S A S A S
M A R A M
  S A S
    M
```

Lisez en suivant les lettres qui se touchent.

Combien de Mars ?

Le Chiffre ultra-martien ★★

Cette image ultra-martienne est codée pour transmettre un chiffre : le nombre de carrés découpés et tournés d'un quart de tour.

Cherchez les raccords défaillants dans l'image.

Quel chiffre ?

Uraniens rêveurs ★

Dans une autre période de voyages spirites, Hélène Smith a communiqué avec les habitants d'Uranus. Détail curieux : dans leur écriture l'espace entre les mots n'est pas un vide mais un symbole particulier :

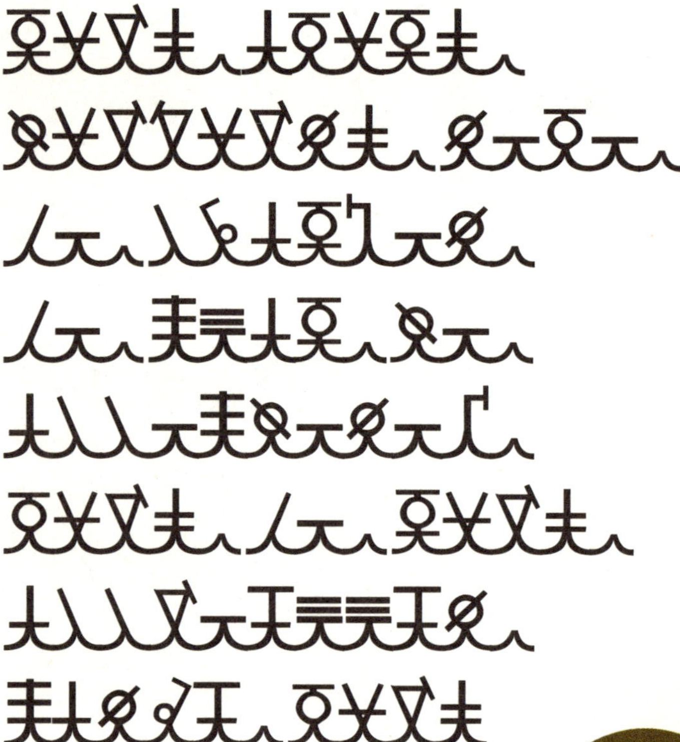

Que dit ce message ?

Reportez-vous à la table ci-contre.

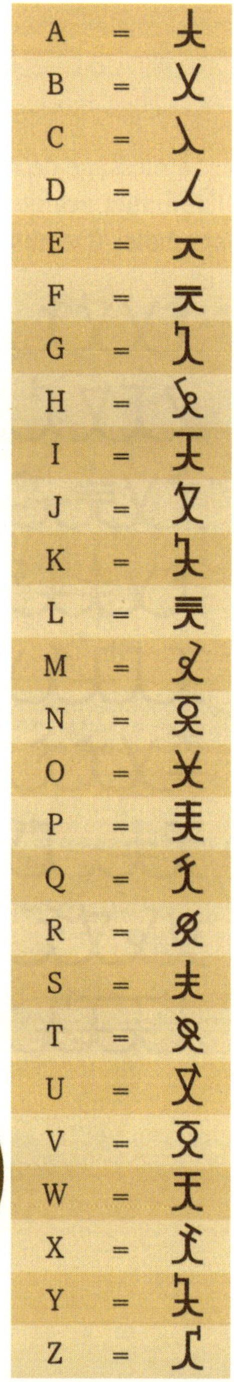

Réponse aux Uraniens ★

Le message de retour ne se fit pas attendre, écrit avec l'alphabet uranien mais avec une autre correspondance des symboles. Depuis, nos relations sont en stand-by.

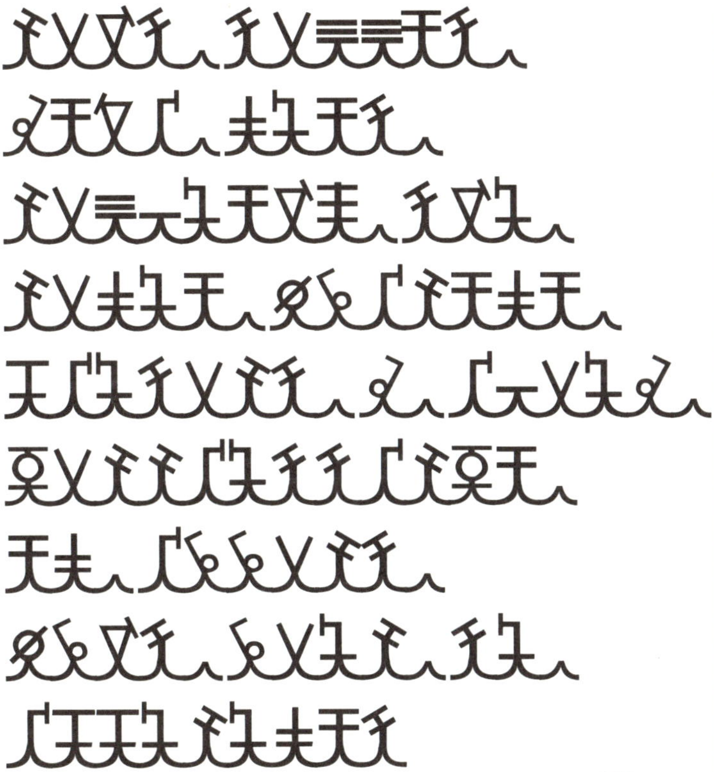

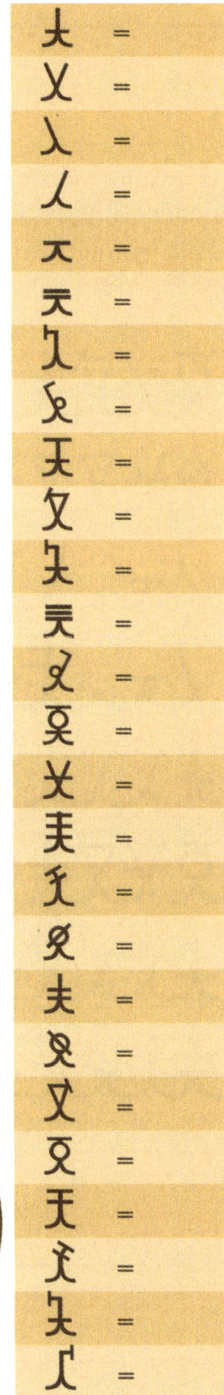

Indice : le message contient le mot PLANÈTE.

Quelle est la réponse ?

Solutions Hélène Smith

Planète interdite

VÉNUS ne peut s'écrire sans V.

Bienvenue les terriens !

Annoncez aux terriens qu'ils sont les bienvenus sur la planète Mars où nous sommes impatients de les rencontrer.

Surréaliste ?

Le poète André BRETON.

Portrait masque

Les figures définissent 8 zones.

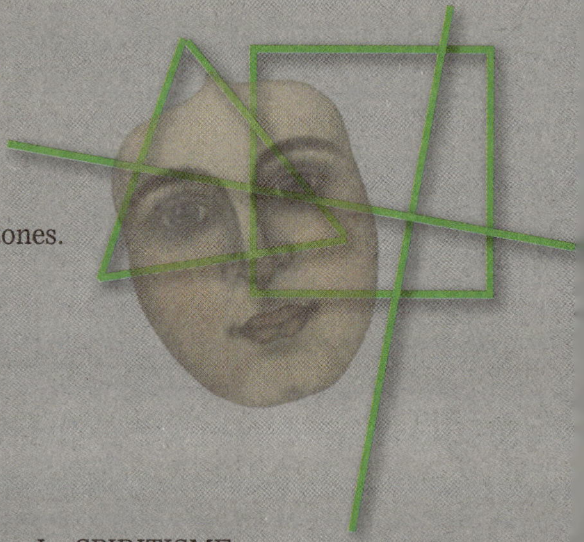

Communication

Le SPIRITISME

Paysage bouleversé

Les deux carrés évoquent les relations entre les planètes Terre et Mars.

Tous les Mars

Chacun des 4 M des angles 1 AR puis 4 S : 16

Chacun des 2 M des côtés : 2 AR puis 4 S : 16

Au total : 32 MARS.

Le Chiffre ultra-martien

✳ Sept carrés ont pivoté d'un quart de tour.

Uraniens rêveurs

Nous avons toujours rêvé de changer de planète. Accepterez-vous de nous accueillir parmi vous ?

Réponse aux Uraniens

Le mot PLANÈTE s'identifie en septième position comme seul mot de sept lettres ayant la même lettre en positions 5 et 7. Il livre PLANET.

Nous sommes déjà très nombreux sur notre planète. Faisons d'abord connaissance et allons plus loin si affinités.

L'origine de Poirot ★

Hercule Poirot était un personnage des romans d'Agatha Christie, directeur de la police retraité, devenu par passion un enquêteur amateur. Mais de quel pays venait-il ? Sa nationalité est gravée sur les faces de ce cristal.

Suivez les faces qui se touchent.

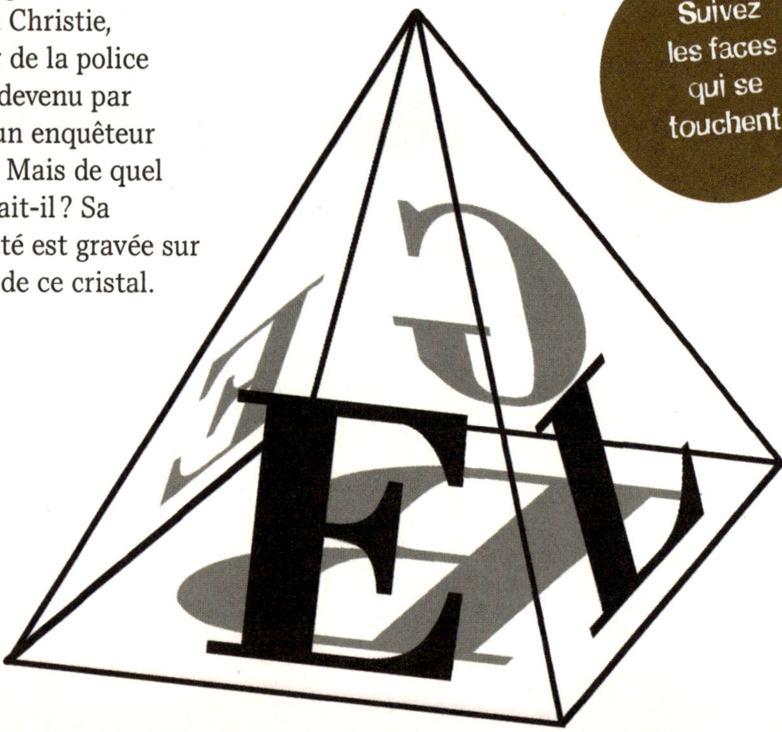

Quelle est sa nationalité ?

L'Orient-Express ★★

La plus célèbre des aventures de Poirot se déroule dans un train emblématique : l'Orient-Express qui joint Paris à Istanbul.

Le bouclier de la locomotive cache ici une partie de la rencontre entre une droite et deux carrés.

Imaginez les croisements sous le bouclier.

Combien de zones sont délimitées ?

Le cercle des comédiens ★

Hercule Poirot fut interprété à l'écran par ces comédiens, mais l'un d'eux n'est pas compatible avec ce cercle :

Charles Laughton

Albert Finney

Peter Ustinov

Ian Holm

Tony Randall

Alfred Molina

David Suchet

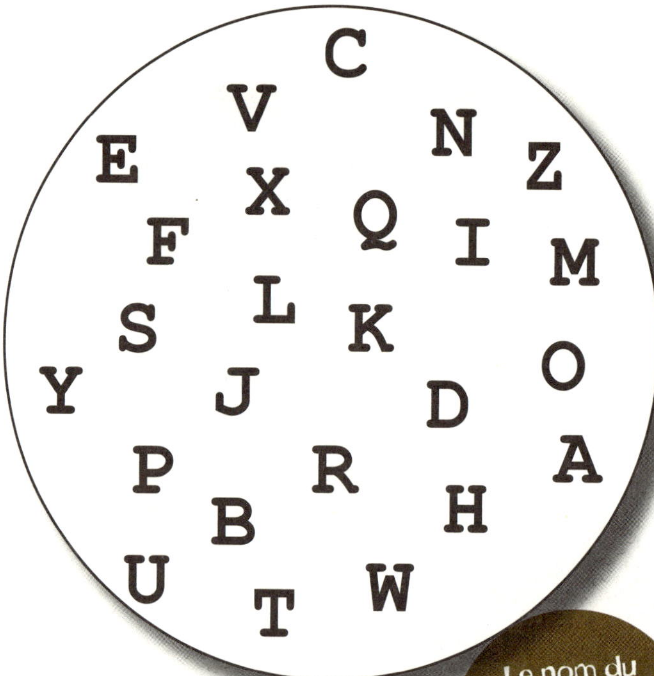

Le nom du comédien ne peut s'écrire avec ces 25 lettres.

Quel comédien ?

Miss Felicity Lemon décode ★★

La secrétaire ultra-compétente de Poirot est experte en cryptographie. Hercule Poirot lui a confié le décodage d'une lettre cryptée par la méthode cyclique : les groupes de lettres qui se suivent sont décalés de manière cyclique. Par exemple des cycles de 3 donneraient BCA EFD. Ici, par cycles de 2, ABCDEF donne BA DC FE.

Un témoin donne ainsi un renseignement crypté sur le crime.

ALMRDE CUIREM

SESTUO LSTEPA

SIACHC EEOSSU

NULEMA DEPURA

UQTE

Inversez la méthode pour lire le message.

Que dit le témoin ?

Lire les Express ★★★

Express peut se lire de nombreuses manières dans ce réseau, horizontalement, verticalement ou en diagonale.

S	E	P	X	P	E	S
S	R	X	E	X	R	S
S	E	P	X	P	E	S

Suivez les lettres qui se touchent en 8 directions.

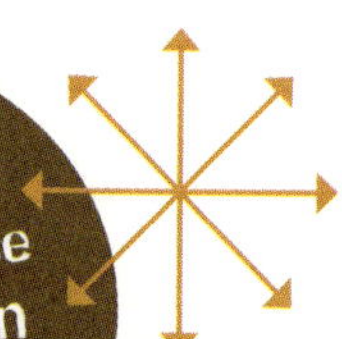

Combien d'Express ?

Le témoin persiste ★★★

Le témoin continue à narguer Poirot mais en cryptant sur un cycle légèrement différent du précédent.

ASLASS INSAPN
SAAISG ULEONS
OMCLIP EECTUS
EFNMME E

Essayez un nouveau cycle.

Quel est le nouveau témoignage ?

Le titre de Poirot ★★★

Avant d'être retraité et détective amateur, Poirot avait un titre exact.

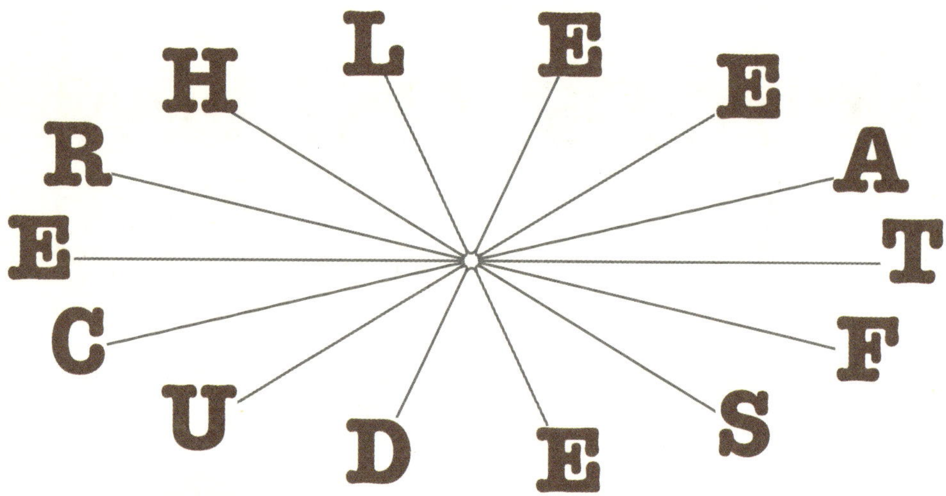

Sautez régulièrement de lettre en lettre.

Quel titre ?

Le signe au restaurant ★★★

Ce restaurant bouleversé de l'Orient-Express transmet un signe secret.

Quel signe ?

Suivez les trajets des carrés déplacés.

Ses collaboratrices ★★

Poirot évoque celles qui le soutiennent dans son travail.

P	G	I	Y	S	R	S	U	E	O	L	E	L	E	P
E	P	U	I	E	E	S	F	A	L	N	U	S	M	I
C	T	E	S	I	S		C	M	U	L		S		S
	Q	R	T	E	L			R		T		A		A
		U		T										

Qui sont-elles ?

Faites tomber chaque lettre verticalement dans sa case.

En toute logique ★★

Hercule Poirot a identifié un témoin dont les révélations devraient permettre de résoudre un cas très épineux. Malheureusement, ce témoin est insaisissable : c'est un rat d'hôtel dont on ne connaît pas l'identité.
Par contre, ce malfrat opère chaque nuit dans l'hôtel où réside Poirot et s'il peut prévoir dans quelle chambre il va se manifester, il peut se placer en embuscade et lui mettre la main au collet.

On a observé que, pour être rat et manquer de morale, l'homme à saisir semble néanmoins avoir de la logique et suivre une méthode pour déterminer dans quelle chambre il va s'introduire chaque soir.

Lundi il a cambriolé la chambre 808, mardi la chambre 615, mercredi la chambre 422, jeudi la chambre 229.

Dans quelle chambre Poirot peut-il prévoir qu'il va opérer le vendredi soir ?

Déduisez la méthode du malfaiteur.

Où Poirot va-t-il s'embusquer ?

L'origine de Poirot

Poirot est BELGE.

L'Orient-Express

La droite et les carrés définissent 6 zones.

Le cercle des comédiens

Charles LAUGHTON, l'interprète original du rôle, ne peut s'écrire sans G.

Miss Felicity Lemon décode

L'arme du crime est sous le tapis, cachée sous une lame du parquet.

Il suffit d'inverser chaque couple de lettres.

Lire les Express

Le E central touche 4 X, chacun 2 P, chacun 1 RE, chacun 2 SS possibles, d'où : 16 Express.

Chacun des 4 autres E touche 2 XPR, chacun 2 E, chacun 2 SS, d'où 32 Express.

Au total 48 Express.

Le témoin persiste

L'assassin n'a pas agi seul. Son complice est une femme.

Essayons un cycle « légèrement différent de 2 »: ce peut être un cycle de 3. ASL redonne LAS, ASS redonne SAS, etc. On obtient ainsi le message en clair.

Le titre de Poirot

Poirot était CHEF DE LA SÛRETÉ.

Le signe au restaurant

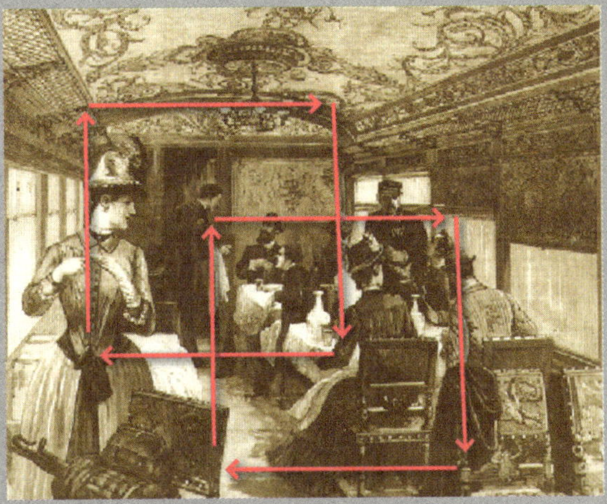

Deux carrés l'un dans l'autre, montrant l'imbrication des indices les uns dans les autres.

Ses collaboratrices

C'est sur les petites cellules grises, mon ami, qu'il faut s'appuyer.

En toute logique

Poirot remarque que dans les numéros de chambres visitées par le rat d'hôtel, le chiffre des centaines baisse chaque fois de deux: 8 6 4 2, tandis que le nombre d'unités augmente chaque fois de 7 : 8, 15, 22, 29. S'il poursuit dans la même logique, le prochain chiffre des centaines sera 0 et celui des unités 36. Poirot doit l'attendre dans la chambre 36.

Miss Marple

Incarnation au cinéma ★★★

Miss Marple, autre créature emblématique d'Agatha Christie a d'abord été incarnée au cinéma par une célèbre actrice anglaise dont le prénom est Margaret.

Quelle actrice ?

Lisez le nom en suivant des faces qui se touchent.

Un village bouleversé. ★★★

Le village anglais typique de Miss Marple a été bouleversé.

Suivez les trajets des carrés déplacés.

Quelle signification est cachée ?

Monsieur Christie ★★

Archibald Christie, premier mari de l'auteure et dont elle a conservé le nom, exerçait un métier qui n'est pas sans rapport avec le sien.

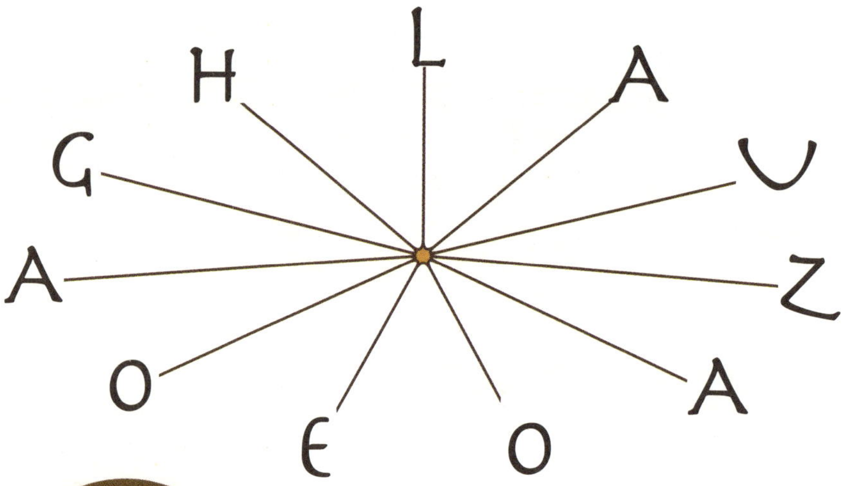

Sautez régulièrement de lettre en lettre.

Quel métier ?

La théière masquée ★★

La théière, qui est une grande source d'inspiration pour Miss Marple, cache les détails de la rencontre de deux carrés et deux droites.

Imaginez les zones sous la théière.

Combien de zones ?

Miss Marple et la police ★★

Miss Marple ne craint pas de se situer au-delà du travail des policiers.

S	I	C	I	E	R	I	N	I	E	S	D		J	N	M	A	I
L	E	T	E	R	M	V	A	E	L		T		U	A		P	O
L			T	R	A		N										

LE TRAVAIL D UN PO-
LICIER N EST JAMAI-
S TERMINÉ

Tombez verticalement chaque lettre dans sa case.

Que dit Miss Marple ?

Vérités et culpabilités ★★★

Miss Marple est dans l'embarras car elle se trouve devant le meurtre d'Arthur où trois coupables sont possibles : Lucie, Suzan et Carmina.

Leurs déclarations sont pourtant simples :

- Lucie affirme : « Je ne l'ai pas tué ».
- Suzan affirme de même : « Je ne l'ai pas tué ».
- Carmina se contente d'affirmer : « Seule une de nous trois dit la vérité ».

Miss Marple sait par ailleurs que la meurtrière a agi seule.
Dans ces conditions, peut-elle déduire qui est la criminelle ?

Faites le tour des possibilités.

Certitude ou incertitude ?

Logique de table ★★

Miss Marple va progresser dans son enquête si elle parvient à savoir qui a dîné avec qui ce soir-là.

Deux tables de trois ont accueilli, aux deux extrémités d'un grand restaurant, Abel, Bernard, Charles, Didier, Eugène et Firmin.

On sait que Abel ne supporte ni la compagnie de Bernard ni celle de Charles. Firmin était assis à la seconde table.

Eugène a eu une conversation importante avec Didier pendant le dîner.

Miss Marple en sait-elle assez pour déterminer qui était assis à quelle table pendant ce dîner ?

Imaginez les tables.

Quels convives ?

Logique pâtissière ★★

Miss Marple est invitée chez des cousins où trois jeunes filles se partagent le plaisir de faire la cuisine et en particulier la pâtisserie.

Arrivée au dessert, Miss Marple goûte une bouchée et s'exclame :

- « Ce gâteau est excellent ! Qui l'a fait ? »

On s'empresse de lui répondre que c'est élémentaire pour un esprit comme le sien puisqu'on peut lui affirmer :

- « Si Jane ne l'a pas fait, alors Laura ne l'a pas fait non plus ».
- « Charlotte et Jane ne font jamais la cuisine ensemble ».
- « Si Jane a fait le gâteau elle ne l'a pas fait seule ».
- « Si Charlotte a fait le gâteau sans l'aide de Laura, alors Jane l'a aidée ».

Devant cette accumulation d'informations logiques, Miss Marple n'hésita pas une seconde à dire qui avait fait le gâteau.

Placez les indications dans le bon ordre.

Qui a réalisé le gâteau ?

Logique de coffre ★★★

Miss Marple enquête sur un meurtre dans une famille où l'énigme tourne autour du nombre de clés nécessaires pour ouvrir la porte du grenier.

Il se trouve que le père, Mr Safe, qui entrepose des objets précieux dans ce grenier, souhaitait éviter que la porte soit trop facilement ouverte.

En particulier, il ne voulait pas que sa femme puisse ouvrir la porte seule sans l'aide d'un autre membre de la famille.

Par ailleurs, se méfiant de ses quatre enfants, il souhaitait qu'ils soient au moins trois pour ouvrir la porte.

Dans ces conditions, Miss Marple n'a pas de peine à déterminer le nombre de serrures et donc de clés qui étaient nécessaires pour ouvrir la porte du grenier.

Procédez personne par personne.

Combien de serrures et de clés ?

Logique de jupes ★★★

Avec beaucoup de patience, Miss Marple tente de déterminer qui sont les personnages sur une photo qui jouent un rôle clé dans une nouvelle affaire, où quatre jeunes filles portent des jupes de couleurs différentes. Pour provoquer son interlocuteur, elle lui dit :

- « Si j'ai bien compris, Annette a la jupe jaune, Romy la jupe bleue, Viviane la rouge et Suzan la verte ».

- « Vous avez tout faux », s'exclame-t-il ! « Par contre, je peux vous affirmer que Suzan n'a pas la jupe jaune et que Romy n'a pas la rouge. Par ailleurs, si Romy a la jaune alors Viviane n'a pas la verte. De même, si Viviane a la jaune, alors Suzan n'a pas la bleue ».

- « Que ne m'avez-vous pas donné ces précisions plus tôt, dit Miss Marple, maintenant tout est évident ! »

Ordonnez toutes ces informations.

Qui porte quoi ?

Incarnation au cinéma

Margaret RUTHERFORD.

Un village bouleversé

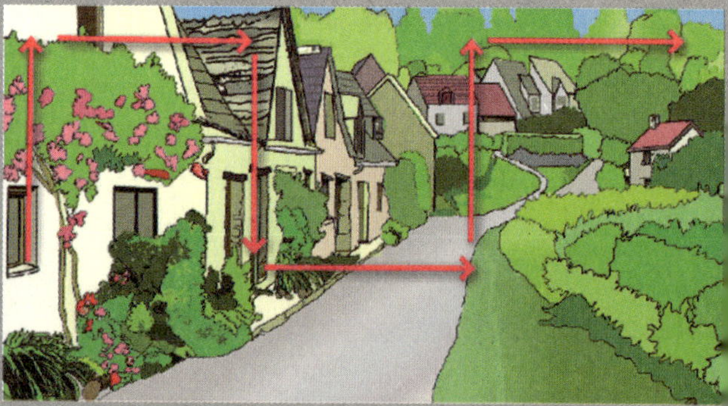

Les méandres du trajet évoquent les chemins sinueux des enquêtes psychologiques comme les mène Miss Marple.

Monsieur Christie

Archibald Christie était ARCHÉOLOGUE.

La théière masquée

Les deux carrés et les deux droites définissent 7 zones.

Miss Marple et la police

Le travail d'un policier n'est jamais terminé.

Vérités et culpabilité

Si Carmina dit la vérité, Lucie et Suzan ont menti et sont toutes les deux coupables. Or, il n'y a qu'un seule meurtrière, ce qui exclut cette possibilité. Carmina ne peut donc qu'avoir menti. Il est alors faux qu'une seule personne a dit la vérité. Soit deux, soit aucune personne n'a dit la vérité. Aucune impliquerait qu Lucie et Suzan soient coupables et nous l'avons exclu. Alors deux personnes ont d la vérité, Lucie et Suzan sont innocentes et Carmina est la coupable.

Logique de table

Abel, incompatible avec Bernard et Charles, n'a pu dîner qu'avec Didier, Eugène ou Firmin. Or, chaque table n'avait que trois convives et Eugène et Firmin, qui ont discuté, ont dîné ensemble. Abel était ainsi avec Firmin et Eugène à la seconde table, celle de Firmin. La première table accueillait donc Bernard, Charles et Didier.

Logique pâtissière

Si Jane n'a pas fait le gâteau, Laura ne l'a pas fait non plus et Charlotte l'a fait seule, ce qui est exclu. Jane a donc fait le gâteau. Comme elle ne l'a pas fait seule mais pas avec Charlotte, elle l'a fait avec Laura.

Logique de coffre

Pour que Mrs Safe ne puisse ouvrir le coffre sans un au moins de ses enfants, elle doit ne pas avoir la clé de la serrure A, que tous les autres ont.

Il faut aussi qu'une même clé manque à tout groupe de 2, que les autres possèdent. Il faut donc 7 clés :

Père : ABCDEFG

Mère : BCDEFG

Enfant 1 : ABCD

Enfant 2 : AB FG

Enfant 3 : A C E

Enfant 4 : A D G

Logique de jupes

Puisque la première proposition de Miss Marple est entièrement fausse et en tenant compte des nouvelles informations : Suzan n'a ni la jupe verte ni la jaune, Viviane n'a pas la rouge, Romy n'a ni la bleue ni la rouge et Annette n'a pas la jaune. Avec les conditions supplémentaires, il ressort que Annette a la jupe bleue, Romy la verte, Viviane la jaune et Suzan la rouge.

L'art de la dissimulation ★★

Maurice Leblanc a su créer un personnage éternellement insaisissable. Pour mieux se cacher tout en s'exhibant, Lupin utilisait un artifice de préférence à tous les autres.

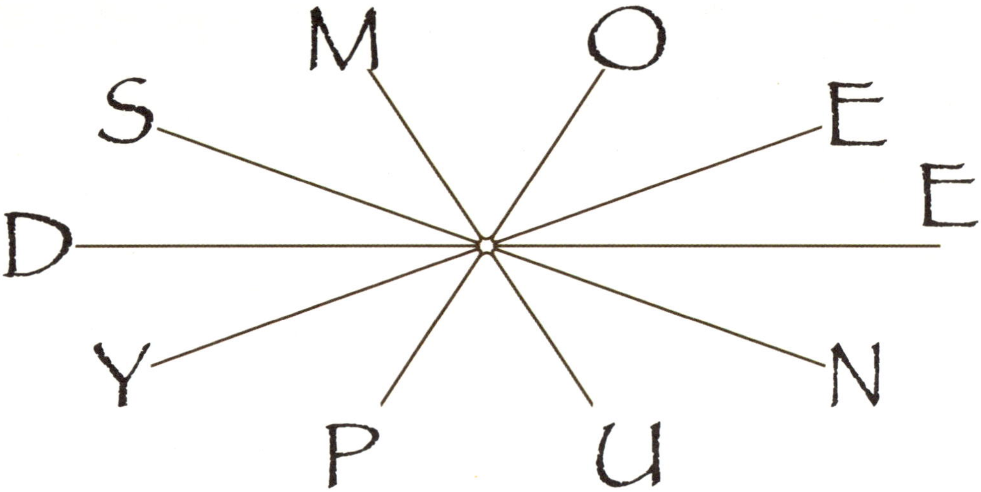

Quel artifice ?

Sautez régulièrement de lettre en lettre.

Creusez l'aiguille ★★

Dans l'image de cette falaise qui inspira *L'Aiguille creuse* se cache une figure codée.

Suivez le chemin des cases déplacées.

Quelle figure ?

Les talents de Lupin ★

Les multiples talents et savoirs de Lupin le tirent d'affaire dans les situations les plus rocambolesques. Il est aussi bien à l'aise en :

- Droit
- Médecine
- Dermatologie
- Latin
- Grec
- Prestidigitation
- Boxe
- Escrime
- Gymnastique
- Savate
- Ju-jitsu

Un de ses talents ne peut s'écrire avec ces lettres.

Quel talent ?

Un manoir de Lupin ★

Un manoir de Normandie, qui porte le nom de l'animal emblème d'un roi de France, est associé aux aventures de Lupin.

Lisez le manoir en suivant des faces qui se touchent.

Quel manoir ?

Les autres noms ★★

Arsène Lupin se dissimule souvent sous des noms d'emprunt. Ce tableau de lettre en contient huit parmi les plus célèbres, tous écrits deux fois sauf un.

Q	S	D	F	H	P	R	I	N	C	E	S	E	R	N	I	N	E
J	I	M	B	A	R	N	E	T	T	J	I	L	M	O	P	R	E
T	P	L	O	U	I	S	V	A	L	M	E	R	A	S	B	A	G
G	E	L	M	A	N	E	R	G	E	J	R	T	U	K	Y	O	B
D	R	E	B	E	C	F	L	O	R	I	A	N	I	Q	X	U	N
J	A	C	Q	U	E	S	D	E	M	B	O	I	S	E	A	L	F
I	O	S	E	F	S	H	V	B	N	R	U	O	I	L	M	D	D
M	U	A	V	L	E	B	M	N	J	A	L	Y	T	R	E	A	Z
B	L	F	L	O	R	I	A	N	I	O	D	K	J	H	G	N	X
A	D	K	E	U	N	G	R	T	R	U	A	S	C	V	B	D	R
R	A	J	D	I	I	B	C	G	F	L	N	A	M	L	N	R	T
N	V	H	F	D	N	N	O	V	V	D	D	Z	P	O	I	E	Z
E	E	G	T	V	E	A	S	R	B	A	R	E	R	Y	U	S	E
T	N	F	G	A	O	S	A	X	U	V	E	R	E	Z	X	Y	D
T	A	D	H	L	O	X	V	E	D	E	S	T	S	A	N	I	E
S	C	Z	B	M	I	C	I	K	I	N	Y	N	P	E	R	L	N
Q	C	E	N	E	U	V	S	O	S	A	I	U	L	O	E	K	L
A	E	R	U	R	R	N	T	P	O	C	O	I	T	F	X	J	S
Z	H	T	M	A	R	C	O	S	A	V	I	S	T	O	A	H	A
U	N	U	I	S	O	P	M	L	K	J	H	G	F	D	S	I	R

Quel nom ne figure qu'une seule fois ?

Lisez horizontalement et verticalement.

Les boucles de cordes ★★★

Au moment de pénétrer dans une propriété en escaladant un mur, Lupin trouve les cordes que ses complices lui ont préparées. Mais ces cordes sont-elles séparées ou prises l'une dans l'autre, comme il l'a demandé au complice qui a préparé l'effraction ?

Suivez les courbes pour bien les distinguer.

Les boucles sont-elles libres ?

Un document prometteur ★★

Au hasard de la visite du coffre d'une antique demeure, Lupin découvre un parchemin datant du seizième siècle. Le code utilisé est en effet celui utilisé par Henri II, où manquent X Y et Z peu usités.

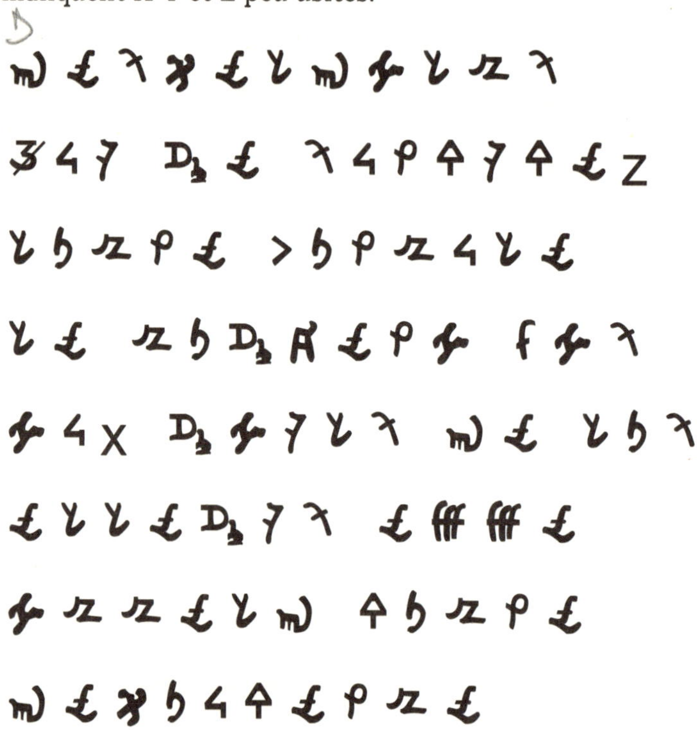

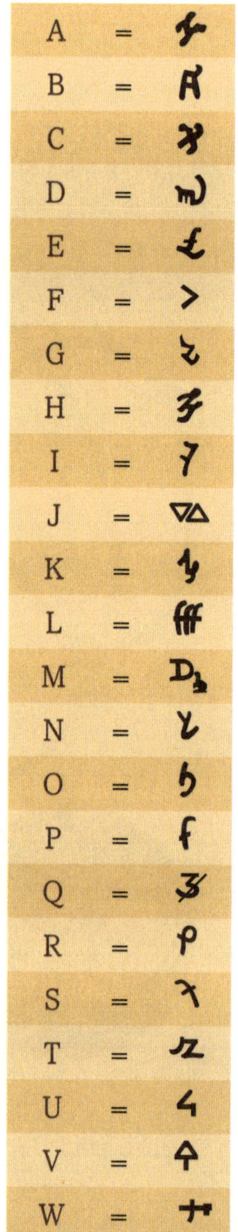

Que dit le document ?

Utilisez le code du roi.

Le masque du monocle ★★

Le monocle de Lupin masque en partie la rencontre de trois carrés et d'une droite.

Imaginez les figures sous le monocle.

Combien de zones sont délimitées ?

Lupin contre Holmès ★★

Dans *Arsène Lupin contre Herlock Sholmès*, Maurice Leblanc met en compétition son héros avec le grand détective. À l'issue d'aventures où Lupin s'est joué de son adversaire, il fait dire à l'anglais une phrase caractéristique de sa personnalité.

N	V	N	Y	M	E	N	D	S	U	D	E	E	R	M	T	E	N
I	A	U	U	N	O	I	P	D	U	I	T	O	Q	D	M	O	S
I	E	R		M	A	E	D	E	U	A	B	M	O	E	I	E	R
	E	O		S	O		N	E		T		H		U			T
	L							E		X							

Tombez verticalement chaque lettre dans sa case.

Que dit Sholmès ?

Plus de précisions ★★★

Le trésor serait introuvable si un autre parchemin ne donnait plus d'indications. Par contre, s'il utilise les mêmes signes, leurs correspondances avec nos lettres sont différentes.

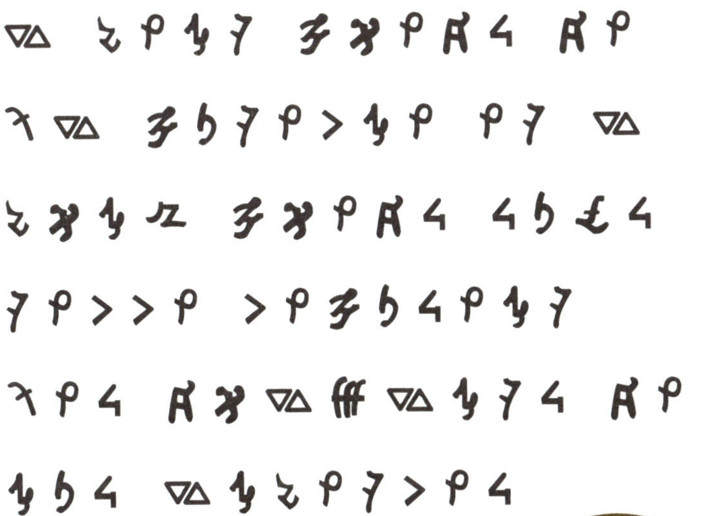

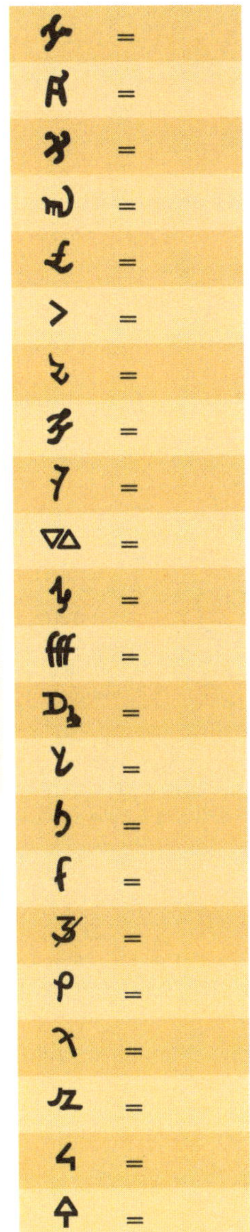

Quelles sont les précisions ?

Indice : le texte mentionne la POTERNE.

L'art de la dissimulation

Le PSEUDONYME.

Creusez l'aiguille

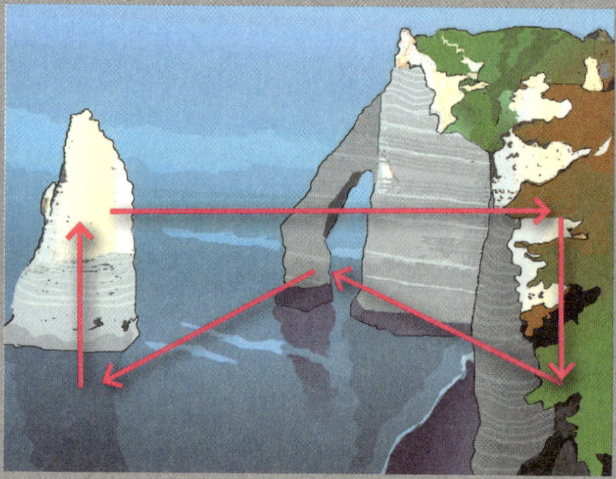

Les talents de Lupin

L'absence du L interdit d'écrire « dermatologie », domaine que Lupin utilise abondamment pour se maquiller.

Un manoir de Lupin

Le manoir de la SALAMANDRE.

Les autres noms

Q	S	D	F	H	P	R	I	N	C	E	S	E	R	N	I	N	E
J	I	M	B	A	R	N	E	T	T	J	I	L	M	O	P	R	E
T	P	L	O	U	I	S	V	A	L	M	E	R	A	S	B	A	G
G	E	L	M	A	N	E	R	G	E	J	R	T	U	K	Y	O	B
D	R	E	B	E	C	F	L	O	R	I	A	N	I	Q	X	U	N
J	A	C	Q	U	E	S	D	E	M	B	O	I	S	E	A	L	F
I	O	S	E	F	S	H	V	B	N	R	U	O	I	L	M	D	D
M	U	A	V	L	E	B	M	N	J	A	L	Y	T	R	E	A	Z
B	L	F	L	O	R	I	A	N	I	O	D	K	J	H	G	N	X
A	D	K	E	U	N	G	R	T	R	U	A	S	C	V	B	D	R
R	A	J	D	I	I	B	C	G	F	L	N	A	M	L	N	R	T
N	V	H	F	D	N	N	O	V	V	D	D	Z	P	O	I	E	Z
E	E	G	T	V	E	A	S	R	B	A	R	E	R	Y	U	S	E
T	N	F	G	A	O	S	A	X	U	V	E	R	E	Z	X	Y	D
T	A	D	H	L	O	X	V	E	D	E	S	T	S	A	N	I	E
S	C	Z	B	M	I	C	I	K	I	N	Y	N	P	E	R	L	N
Q	C	E	N	E	U	V	S	O	S	A	I	U	L	O	E	K	L
A	E	R	U	R	R	N	T	P	O	C	O	I	T	F	X	J	S
Z	H	T	M	A	R	C	O	S	A	V	I	S	T	O	A	H	A
U	N	U	I	S	O	P	M	L	K	J	H	G	F	D	S	I	R

Jacques d'Emboise (*Le mariage d'Arsène Lupin*) ne figure qu'une fois. Les autres sont : Prince Sernine (*813*), Floriani (*Le Collier de la Reine*), Louis Valméras (*L'Aiguille creuse*), Jim Barnett (*L'Agence Barnett*), Raoul d'Avenac (*La Barre-y-va*), Raoul d'Andrésy (*La Comtesse de Cagliostro*), Marcos Avisto (*Victor de la brigade mondaine*).

Les boucles de cordes

Deux boucles l'une dans l'autre.

Un document prometteur

Descendants qui me survivez, notre fortune ne tombera pas aux mains de nos envahisseurs, elle attend votre découverte.

Le masque du monocle

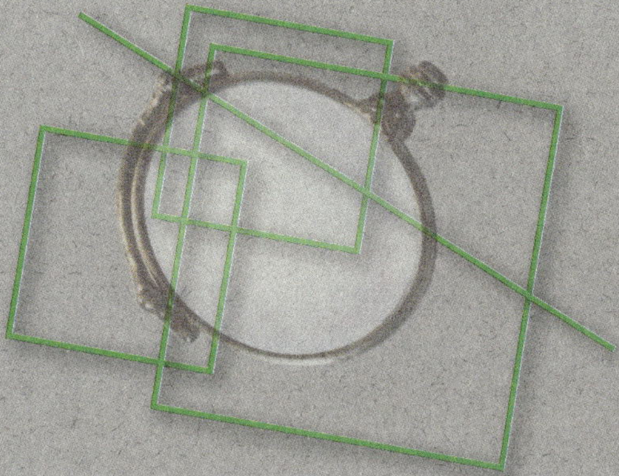

On compte au total 9 zones.

Lupin contre Holmès

Il y a deux hommes au monde de qui rien ne peut m'étonner : moi d'abord et vous ensuite.

Plus de précisions

POTERNE s'identifie au septième mot, par sa longueur et la présence d'un même E en positions 4 et 7. Ces lettres sont précieuses pour déchiffrer le reste.

À cent pieds sud de la poterne et à cinq pieds sous terre reposent pour vous les diamants de nos ancêtres.

Le pentagramme secret ★

Vous avez rendez-vous ce soir avec Mata Hari, la plus célèbre espionne de tous les temps. Pour fixer le lieu de votre rencontre, elle n'a pu que vous faire passer un billet où figurent un hexagramme et des lettres.

Heureusement, vous avez convenu d'un code : lire à partir de la lettre S en suivant le tracé du pentagramme, mais en sautant régulièrement de 2 lettres, 3 lettres ou plus.

Quel est le bon saut pour lire le message ?

Où allez-vous retrouver Mata Hari ?

Une photo en or ★★

Un coffre renfermant quelques milliers de louis d'or est prêt à s'ouvrir à qui connaît son chiffre : un simple nombre. Mais tout tâtonnement est interdit : un mauvais chiffre fait exploser le coffre.

Mata Hari a pu subtiliser le chiffre et vous le transmet par une photo d'apparence innocente.

Le chiffre est le nombre de morceaux retournés dans la photo.

Combien de morceaux sont retournés ?

Maintenant, êtes-vous riche ?

La couleur dans la grille ★★

Attention, code vestimentaire : l'espion qui est votre intermédiaire avec Mata Hari vous reconnaîtra à la couleur de vos vêtements. À votre rendez-vous, tous vos habits devront être de la couleur dissimulée dans ce carré.

La couleur apparaît quand vous appliquez la grille clé que Mata Hari vous a donnée. Par contre, il faut peut-être tourner la grille avant de la poser sur le carré…

G	H	U	F	I
R	E	V	S	N
K	R	I	D	E
L	O	I	E	I
I	Z	P	G	J

De combien faut-il faire tourner la grille ?

Quelle sera la couleur de vos vêtements ?

Pas d'impairs dans le message ★★

Vous êtes en grave difficulté et obligé de fuir. Le message de Mata Hari peut vous sauver si vous le déchiffrez.

Pas d'impair dans une situation pareille, donc éliminez tous les mots comptant un nombre pair de lettres !

UN AMI QUI BOITE EST
POSTE SUR UNE BRANCHE.
SON ABRI EST DECOUVERT.
VOUS SEREZ TUE PAR
CELUI QUI ATTEND DANS
LA MAISON EN BOIS
ROUGE.

Où allez-vous vous réfugier ?

Quels mots éliminer ?

Un ami vous attend dans la maison en bois

La danse codée ★★

Danser était la passion de Mata Hari. Elle se produisait sur les plus grandes scènes d'Europe avec grand succès. Elle utilisa sa danse comme code. Chaque jour, un pas de danse sur un carré de lettres transmettait un nombre à un correspondant caché dans la salle.

La danse suit une figure régulière se terminant sur le E.

A R Q E N

B U I V Z

O A S N R

T E T O P

I H L P T

Quel nombre est transmis ?

14

Le code du nom ★★★

Ce message contient une importante action à réaliser. À première vue, il est incompréhensible. Heureusement, vous savez que Mata Hari a été mariée à l'officier de marine MacLeod et qu'elle utilise fréquemment son nom de femme mariée comme code.

Insérez les sept lettres de son nom entre les lettres du message.

R E E T T R E

U A F E E S C U

T E S E M I D I

Quelle est la mission ?

Le chiffre des MATA ★★

Mata Hari portait une croix de lettres où l'on pouvait lire un certain nombre de fois MATA en suivant les lettres qui se touchent et où chaque MATA utilise 4 lettres différentes.

Comptez en partant de chaque M puis multipliez.

Combien de MATA ?

Les colliers ★★

Le service de contre-espionnage retrouve dans la malle de Mata Hari plusieurs colliers. Il est important de connaître leur nombre pour retrouver la trace de ses achats et donc de ses voyages.

Suivez les courbes continues.

Combien de colliers différents ?

3

Menu codé ★

Le menu présenté dans un restaurant à Mata Hari n'a rien d'innocent. Il dissimule le numéro à composer au téléphone pour joindre un « honorable » correspondant : c'est le prix du café, qui manque et se déduit logiquement des autres.

Menu

Moules perlières	215
Champignons grecs	265
Steak argentin	315
Fromages	365
Tartes	415
Café	

Quel numéro composer ?

Suivez la logique des prix.

La tache sur les cases ★★

Des traits sur une feuille de papier délimitent des cases rectangulaires. Leur nombre est important car il définit une adresse où se rendre, mais il est difficile à évaluer directement car une tache d'encre cache une partie du dessin.

Imaginez les lignes sans les tracer.

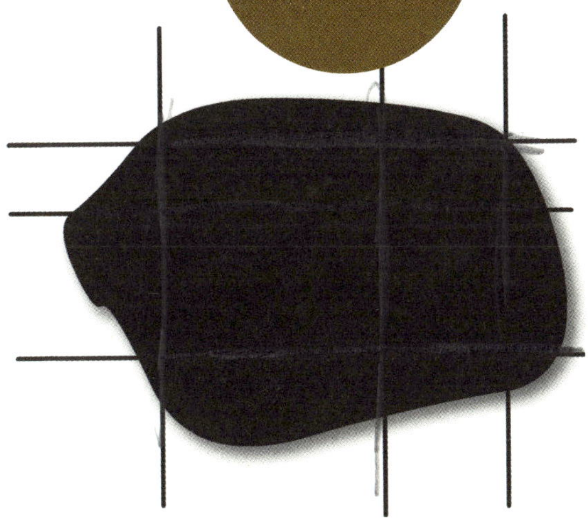

Combien de cases ?

15

Le pentagramme secret

Rendez-vous : SOUS LE PONT (saut de 3 en 3

Une photo en or

5 est le nombre de morceaux retournés.

La couleur dans la grille

Il faut faire tourner la grille d'un quart de cercle avant de la poser et de lire la couleur : ROUGE.

Pas d'impair

UN ABRI VOUS ATTEND DANS LA MAISON EN BOIS

La danse codée

QUATORZE

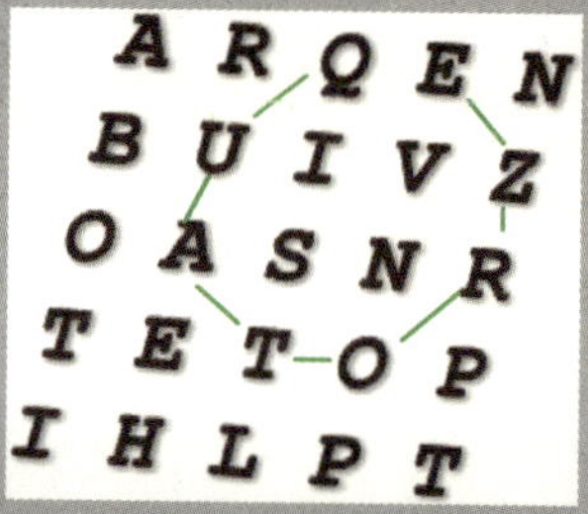

Le code du nom

REMETTRE AU CAFE LES ECOUTES DE MIDI

Le chiffre des MATA

Chaque M touche un A, qui touche 2 T touchant chacun un seul A nouveau et 1 T touchant 3 A nouveaux : au total 5 MATA. Comme on peut partir de 4 M, on a 20 MATA au total.

Les colliers

Il y a 3 colliers différents.

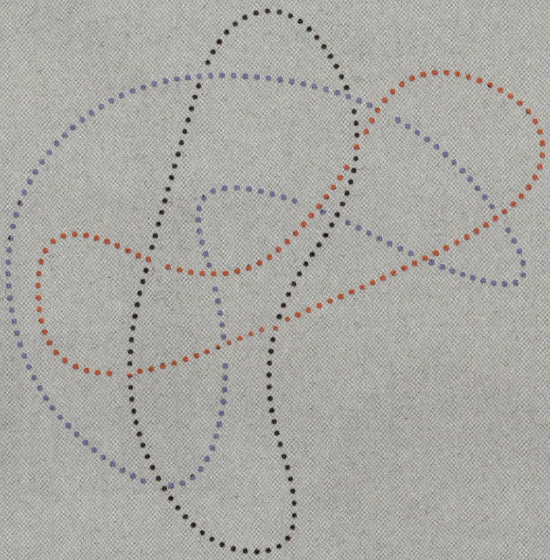

Menu codé

Les prix se suivent de 50 en 50. Le prix du café, et donc le numéro à composer, est 465.

La tache sur les cases

La tache cache 4 cases :

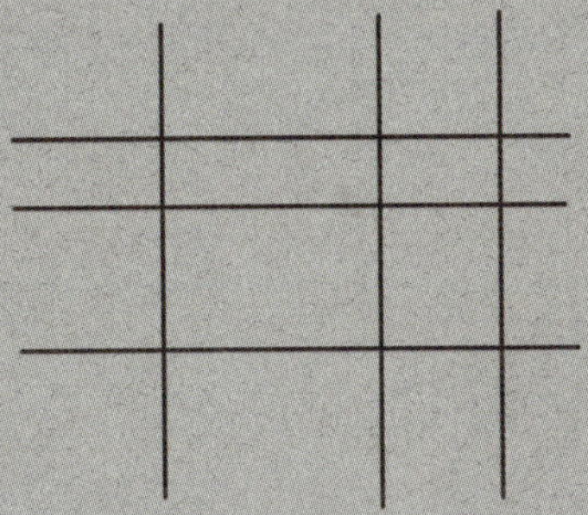

Le prénom de Rouletabille ★

Gaston Leroux eut un immense succès en créant la personnalité d'un jeune journaliste qui signe Rouletabille. Ce nom de plume cache un nom propre : Joséphin et un prénom…

Lisez le prénom en suivant des faces qui se touchent.

Quel prénom ?

Joseph

Jaune et close ★★★

Un crime a été commis dans la chambre jaune quand toutes ses issues étaient closes. Les bouleversements de l'image ont un rapport avec ce problème.

Suivez les trajets des carrés déplacés.

Quel sens ?

Les acteurs de la chambre jaune ★

Malgré son jeu âge, Rouletabille se rendit célèbre en résolvant l'étrange *Mystère de la chambre jaune*. Les protagonistes en étaient :

Une lettre manque pour écrire son nom.

Monsieur Stangerson
Mathilde Stangerson
Robert Darzac
Sainclair
Frédéric Larsan
Monsieur de Marquet
Les Bernier
Le père Jacques
L'homme vert
La mère Agenoux
Le père Mathieu
Madame Mathieu

T V C E
N
Z G
Q
F I M
S L K
J O
D
P R A
B H
U W Y

Qui ne peut être écrit ?

Le masque de la casquette ★★★

La casquette de Rouletabille cache en partie la rencontre de trois carrés égaux et d'une droite.

Combien de zones sont délimitées ?

Imaginez la géométrie sous la casquette.

Une étrange personne ★★

Une étrange personne plane, sans être présente, au-dessus de l'action du *Mystère de la chambre jaune*.

Sautez régulièrement de lettre en lettre.

Quelle personne ?

Le code des nulles ★★

Au cours de son enquête sur le mystère de la chambre jaune, Rouletabille intercepte un message codé par le système *des nulles*. Cela consiste à introduire régulièrement dans le texte des lettres tirées au hasard. Par exemple 1 nulle toutes les 2 lettres dans HASARD donne : vHArSAeRDm, les nulles étant en minuscules.

```
ELEEL VPPRK CEXSV GBSYZ
ETIEX LRMER CNYAD SRYIY
KEANH GPWEG PREDB DUQDB
DETSY AOPNB PCBHX MAORK
WMBES LNSIH CLEEE OJNAH
ZRADG PIGNB CDREY LSMOZ
MNTEQ ACRLV VAHTM
```

Quel est le message ?

Indice : ce message évoque le jardin.

LE PRESBYTERE N'A RIEN PERDU DE SON CHARME NI le jardin de son éclat

Les nulles remettent le couvert ★★★

Rouletabille reçoit un autre message codé par le système des nulles, avec bien sûr une autre alternance nulles/claires.

QOMID AHZIE ZNCET KREBU
NGWAV KNIVT XZIBV LGKVC
SADTF YSAKF LLVLA OOGQI
HZRSV MRAAP ONCQG NQENR
RXFDP FUMTS MCAKC ISYGG
UNYGA ZNNEZ TIY

Indice : Il est question de manger.

Que dit le message ?

MAINTENANT IL VA FALLOIR
manger. DUS SAIGNANT

Vous avez dit « amour » ? ★★

Dans sa préface au *Mystère de la Chambre Jaune*, Pierre Reverdy applique aux sentiments la froide attitude logique d'un enquêteur.

U	L	P	N	E	Y	V	E	Y	P	D	S	Q	D	O	A	R	O
I	R		I	L	U	N	A	S		A		A	M	E	U	D	E
S			R							A			U			M	

Tombez verticalement chaque lettre dans sa case.

Que dit Reverdy ?

Le prénom

Le « vrai » nom de Rouletabille est JOSEPH Josephin.

Jaune et close

Deux rectangles l'un dans l'autre symbolisent la totale clôture de la pièce pendant le crime.

Les acteurs de la chambre jaune

Sans X, impossible d'écrire la mère Agenoux.

Le masque de la casquette

Les figures délimitent 8 zones.

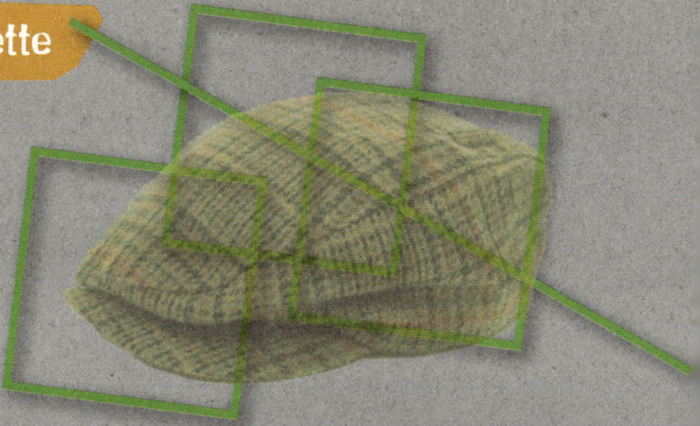

Une étrange personne

La *Dame en noir*, dont un autre roman de Gaston Leroux évoque le parfum.

Le code des nulles

Le presbytère n'a rien perdu de son charme ni le jardin de son éclat.

On trouve les lettres de jardin dans la séquence JNAH ZRADG PIGN, ce qui donne à penser que les nulles alternent une lettre sur deux.

Les nulles remettent le couvert

Maintenant, il va falloir manger du saignant

Le mot MANGER se repère dans la séquence MRAAP ONCQG NQENR R, ce qui suggère une alternance 1-2-1-2.

Vous avez dit « amour »?

Il n'y a pas d'amour. Il n'y a que des preuves d'amour.

Où va Maigret ? ★

La renommée du célèbre commissaire est aussi grande, sinon plus, que celle de son créateur Georges Siménon.
Bien qu'il soit basé à la préfecture de Paris, Maigret est parfois entraîné par ses affaires hors de la capitale, notamment à :

T V C N E G
X Q Z I M
S L K O
J D
P R A
B H
U W Y

- Bergerac
- Saint-Fiacre
- New York
- Jeumont
- Bayeux
- Vichy
- Givet
- Dieppe
- Pont-du-Grau
- Moulins
- Nemours

Il se rend en un lieu impossible à écrire avec ces 25 lettres.

Quel lieu ?

St Fiacre F

Ses bureaux ★

Les bâtiments qui abritent ses bureaux ont été perturbés pour évoquer son accessoire emblématique.

Quel accessoire ?

Suivez les trajets des carrés déplacés.

Le prénom de madame ★

Madame Maigret est rarement appelée par son prénom dans les romans, mais il existe pourtant.

Quel prénom ?

Lisez le prénom en suivant des faces qui se touchent.

Louise

Les zones sous la plaque ★★

La plaque de sa célèbre adresse cache les détails de la rencontre d'un carré et de quatre droites.

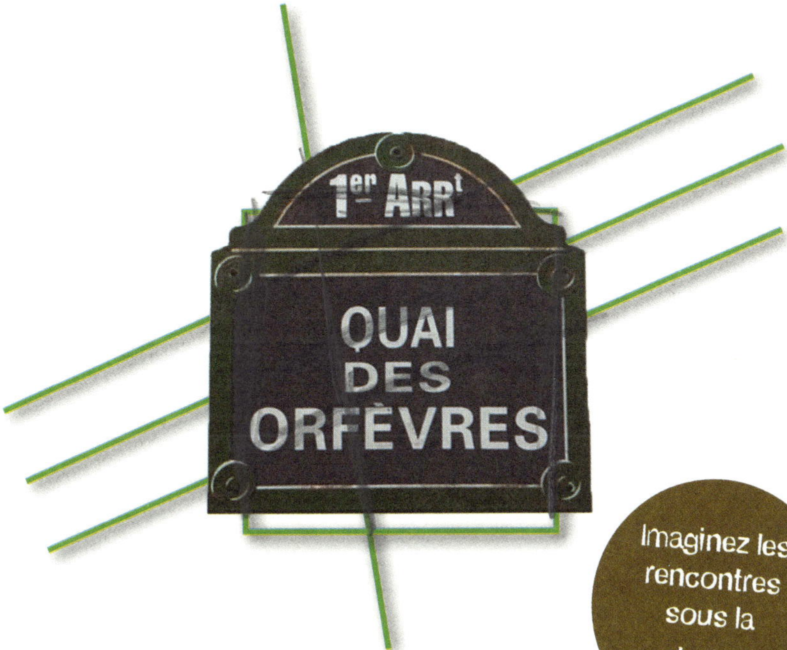

Imaginez les rencontres sous la plaque.

Combien de zones sont définies ?

Son plat préféré ★

Il l'affirme, il préfère ce plat à tous les autres.

Sautez régulièrement de lettre en lettre.

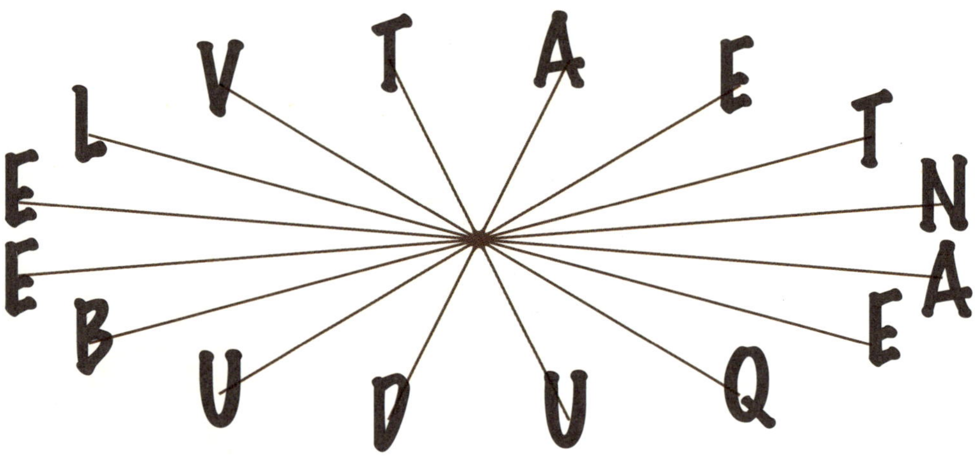

Quel plat ?

César fait la banque ★★

Dans une enquête que ne semble pas avoir relatée Georges Simenon, Maigret intercepte les messages d'une bande de malfaiteurs qui utilisent l'antique code de César. Dans ce système, chaque lettre est décalée d'un même nombre dans l'alphabet et l'on revient à A au-delà de Z.

oh frpswdeoh gh
o xvlqh uhylhqw
fkdtxh yhqguhgl
dsuhv plgl gh od
edqtxh dyhf od
sdbh ghv rxyulhuv

Que dit le message ?

Indice : ce message évoque la banque.

A =
B =
C =
D =
E =
F =
G =
H =
I =
J =
K =
L =
M =
N =
O =
P =
Q =
R =
S =
T =
U =
V =
W =
X =
Y =
Z =

Le casse se prépare ★★★

Pour dissimuler ce nouveau message, comme la date du casse approche, la bande a pris la précaution de changer le décalage.

hj xjwf jynjssj qj
htsizhyjzw rtyjzw
ytzwsfsy ujsifsy
vzj oj gqtvzjwfn
qj htruyfgqj jy vzj
ojfs uwjsiwf xts
xfh

Astuce : E est la lettre la plus fréquente en français.

Que dit le message ?

A	=
B	=
C	=
D	=
E	=
F	=
G	=
H	=
I	=
J	=
K	=
L	=
M	=
N	=
O	=
P	=
Q	=
R	=
S	=
T	=
U	=
V	=
W	=
X	=
Y	=
Z	=

Coupables et responsables ★★

Dans le film *L'affaire Saint-Fiacre,* Michel Audiard fait dire à Maigret :

N	A	D	C	U	L	E	S	T	E	L	E	T	E	I	N	I	U
E		L	A	U	L	P	A	P	O	X	I	A	U	T	D	P	T
S		S	E		R	O	U	B	I	N	C	L	M	O	L	D	E
L			E		T		N			L	S		B				A

Que dit Maigret ?

Tombez chaque lettre verticalement dans sa case.

Où va Maigret ?

Maigret va à Saint-Fiacre, son village natal, qui ne peut s'écrire sans F.

Ses bureaux

Les trajets dessinent la pipe de Maigret.

Le prénom de madame

LOUISE

Les zones sous la plaque

Les droites et le carré définissent huit zones.

Son plat préféré

La BLANQUETTE DE VEAU.

César fait la banque

Le comptable de l'usine revient chaque vendredi après-midi de la banque avec la paye des ouvriers.

Le message contient deux mots de 6 lettres pouvant être BANQUE. Le premier est FKDTXH, qui correspondrait à un décalage de 4 lettres mais ne donne rien d'intelligible. Par contre EDQTXH, avec un décalage de 3, livre la clé du message.

Le casse se prépare

Ce sera Étienne le conducteur, moteur tournant, pendant que je bloquerai le comptable et que Jean prendra son sac.

Le message contient 18 J, 10 S et 8 F. En supposant que J est E, avec un décalage de 5, on craque le message.

Coupables et responsables

La culpabilité d'un seul n'exclut pas la responsabilité de tout le monde.

Ennemis et complices ★★

Fantômas, Roi du Crime, fut conçu par Pierre Souvestre et Marcel Allain comme le délinquant ultime, l'ennemi absolu des lois. Des personnages de sa saga, les trois premiers luttent ouvertement et inlassablement contre lui à armes inégales mais avec un allié secret.

Juve

Jérôme Fandor

Hélène

Lady Maud Beltham

Bouzille

Le Bedeau

Beaumôme

Mort-Subite

Fleur de Rogue

Ernestine

Adèle

Le père Korn

La Toulouche

Son nom ne peut s'écrire avec ces 25 lettres.

E M I L N
T
Q G S
C X
H P U
O J R D
V F
Y A B K W

Qui est l'allié secret ?

Le signe dans l'affiche ★★

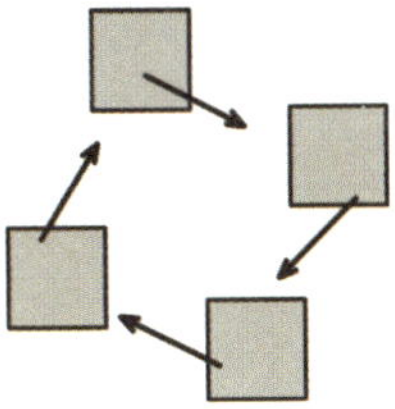

Fantômas a permuté des morceaux de son affiche selon un certain tracé pour écrire un symbole.

Suivez le parcours des carrés déplacés.

Quel tracé a suivi Fantômas ?

Les nœuds du chanvre ★★★

À l'instant d'être pendu, Fantômas se volatilise en laissant ironiquement une corde de chanvre derrière lui.

Suivez les boucles de la corde.

La corde est-elle nouée ?

non

Compagne de Fantômas ★★

Épouse d'un lord mystérieusement et opportunément disparu, une anglaise est la compagne de Fantômas.

Lisez le nom en suivant des faces qui se touchent.

Quel nom ?

Fantômas nargue Juve ★

En adoptant cet alphabet, Fantômas ne se doutait pas qu'il serait imité un demi-siècle plus tard par le criminel américain surnommé Zodiac en Californie, avec le même alphabet.
Par ses messages codés, qui n'ont jamais été publiés, Fantômas avertissait Juve, l'inspecteur qui le pourchassait, des méfaits qu'il allait accomplir.

Inversez le code.

Qu'annonce Fantômas ?

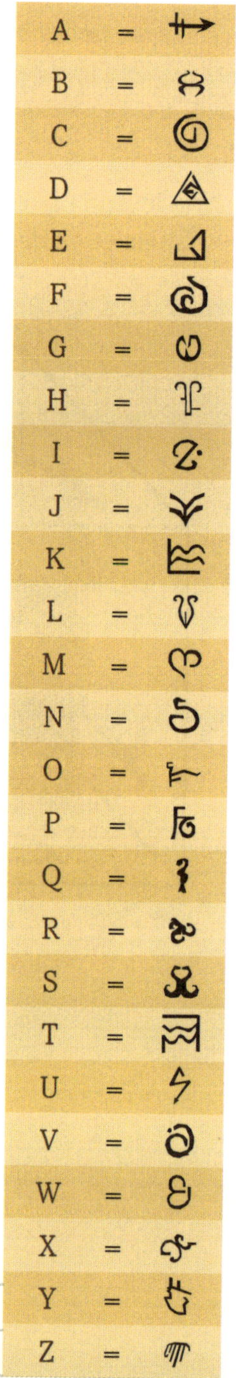

Haut-de-forme ★★

Le légendaire chapeau de Fantômas masque la rencontre d'un carré, d'un triangle et de deux droites.

imaginez les figures sous le haut-de-forme.

Combien de zones sous le chapeau ?

Le recul de Fantômas ★★

Fantômas observe le genre humain.

L	T	C	E	S	I	N	I	T	E	X	R	U	P	N	N
M	E	R	V	E	A	D	L	E	U	A	Q	S	O	E	C
T	A	H	U	M		L	E		M			I	E	L	
E		T	L	E											

Tombez chaque lettre verticalement dans sa case.

Que dit Fantômas ?

Fantômas code ses crimes ★★★

Toujours prêt à ridiculiser la police, Fantômas envoie un nouveau message à Juve, dans le code Zodiac mais avec de nouvelles correspondances de lettres.

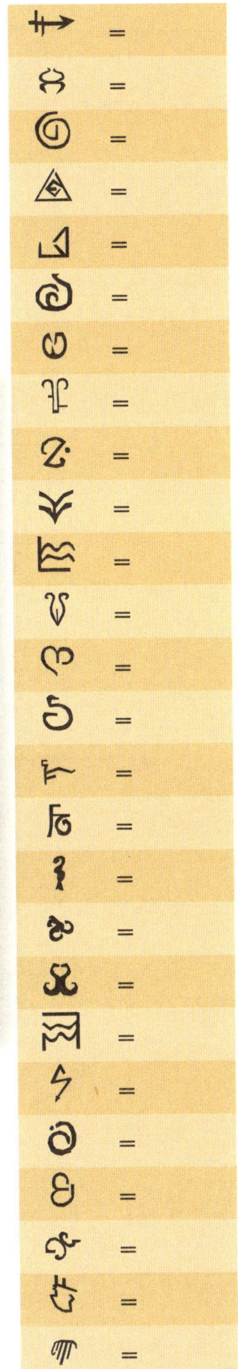

Que prévoit Fantômas ?

Indice : le message évoque la Joconde.

Ennemis et complices

Le cheminot Bouzille (Z)

Le signe dans l'affiche

Il apparaît un chiffre huit.

Les nœuds du chanvre

La corde est effectivement une boucle nouée.

Compagne de Fantômas

La compagne officielle de Fantômas est LADY BELTHAM.

Fantômas nargue Juve

Demain, je vide les coffres de la Banque Centrale des Indes.

Haut-de-forme

On compte huit zones.

Le recul de Fantômas

L'humanité. Quel merveilleux spectacle de marionnettes !

Fantômas code ses crimes

Cette nuit je pénètre dans le Louvre et je repars avec la Joconde sous le bras.

Le mot JOCONDE se repère grâce à ses 7 lettres et sa lettre identique en 2 et 4. Il livre 6 lettres précieuses pour décoder le reste.

Émergence de Fu Manchu ★

Quand le romancier Sax Rohmer crée son personnage, Fu Manchu apparaît pour la première fois en assassinant des britanniques ayant vécu dans un certain pays asiatique.

Lisez le pays en suivant des faces qui se touchent.

Quel pays ?

La signature de Fu Manchu ★★★

Ce paysage de pagodes birmanes a été bouleversé pour porter le signe de Fu Manchu.

Suivez les trajets des carrés déplacés.

Quelle signature ?

Signe distinctif ★

Un détail physique permet de reconnaître aisément Fu Manchu, outre son type asiatique.

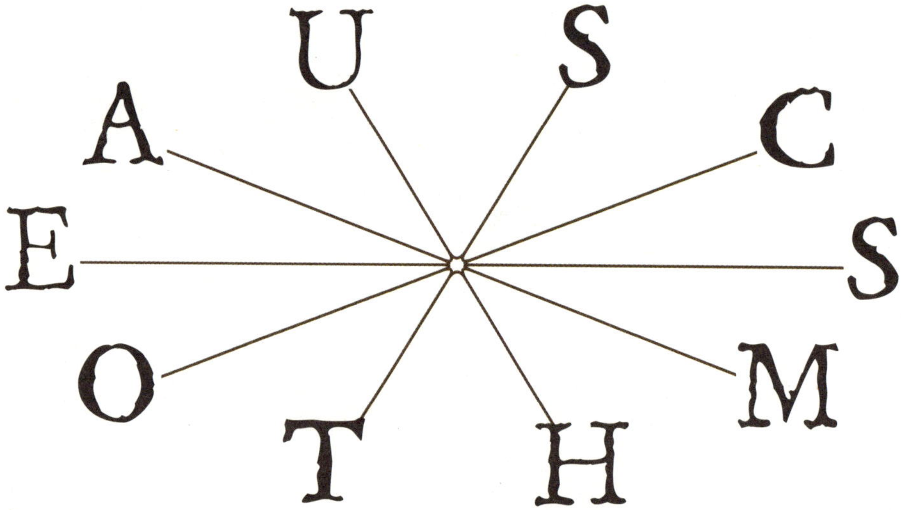

Quel détail ?

Sautez régulièrement de lettre en lettre.

Yin et yang ★★

Le symbole oriental cache les zones délimitées par les droites et les deux cercles.

Imaginez les tracés sous le symbole.

Combien de zones ?

Les méandres du kriss ★★★

Le kriss malais à lame en serpent est une arme sacrée, dont Fu Manchu fait un très mauvais usage. Il se lit ici de nombreuses manières, en suivant les horizontales, les verticales et les diagonales.

Suivez les lettres qui se touchent.

Combien lit-on de KRISS ?

La corde des victimes ★★★

Fu Manchu laisse derrière lui la corde qui lui a servi à attacher ses victimes.

Suivez les boucles.

Combien de noeuds ?

Demande de rançon ★

Fu Manchu rédige une demande de rançon avec des caractères très proches de l'écriture chinoise.

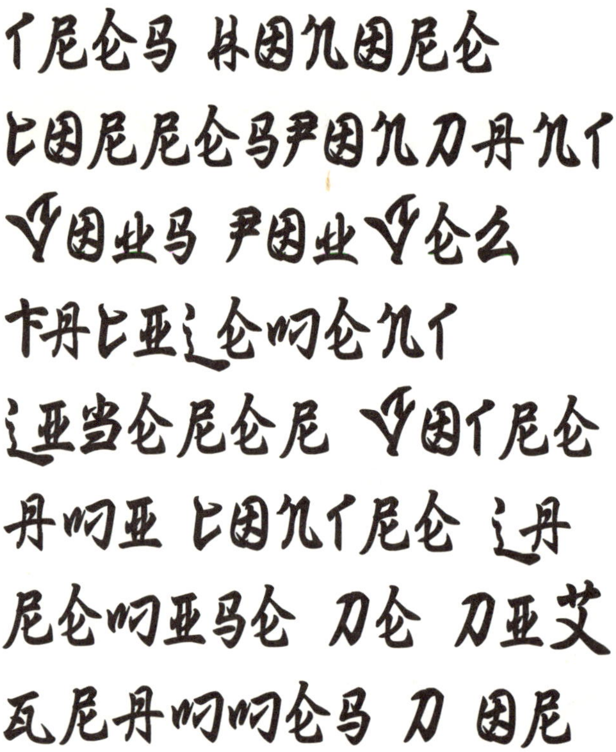

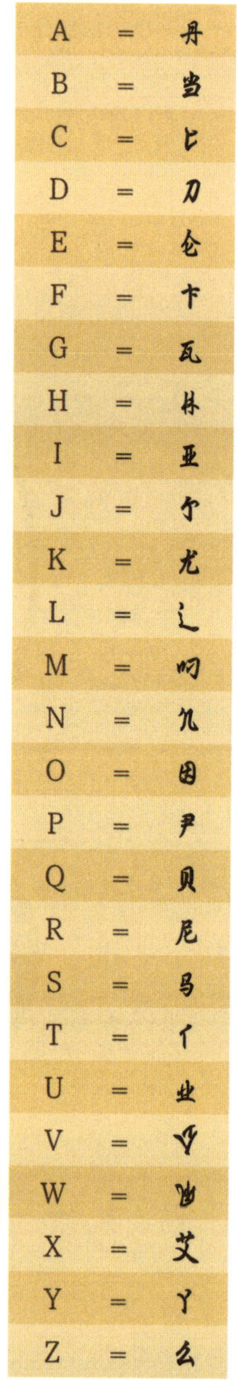

La table des correspondances facilite le décryptage.

Quelles sont ses exigences ?

Second message ★★★

Sans réponse à son premier message, Fu Manchu envoit le suivant, codé avec les mêmes caractères mais avec de nouvelles correspondances de lettres, où il se fait plus menaçant..

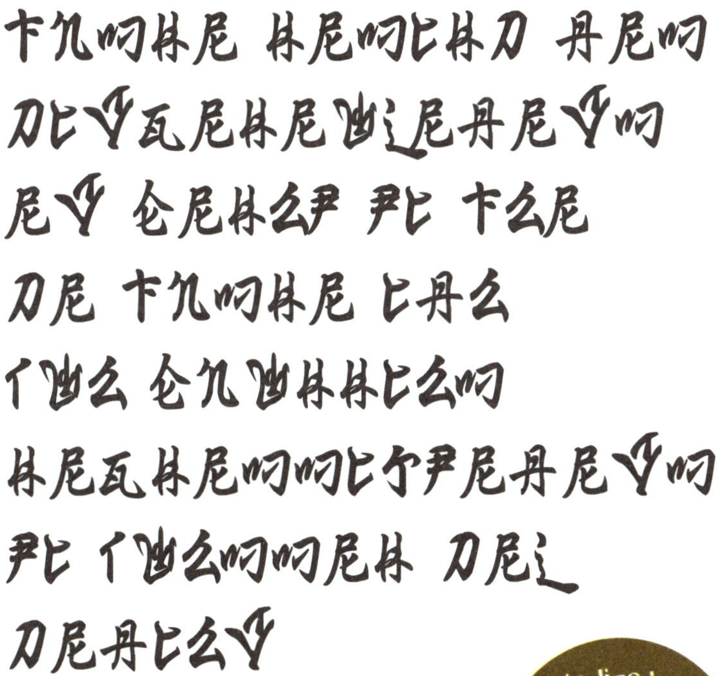

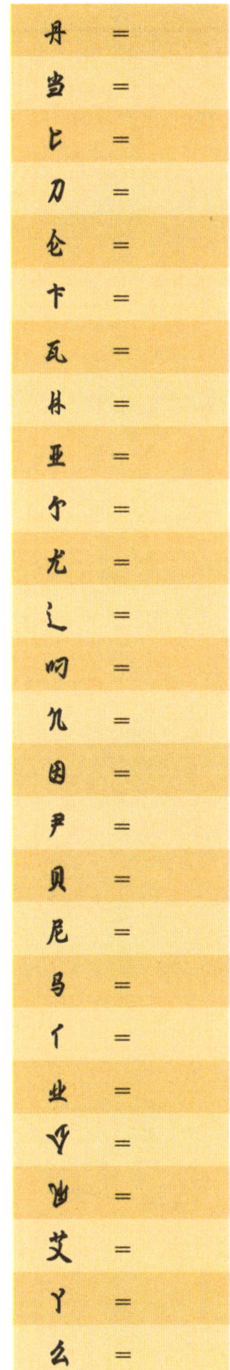

Indice : le message contient le mot RETARD.

Quelle est la menace ?

Les masques de Fu Manchu ★★

Dans *Le Masque de Fu Manchu,* le criminel étale ses titres en toute simplicité.

E	P	H	I	T	I	S	Z	P	H	E	T	E	E	R	M	P	N
J	A	T	N	L	L	S	O	N	O	O	E	R	E	N	I	D	E
O	E	E	S	E	T	D	O	D	T	M	E	D	U	I		N	L
	I	P	P	E	O	E	E	C	M	I	I		S	C		E	R
	M			U						C	U						

Tombez chaque lettre verticalement dans sa case.

Que dit Fu Manchu ?

Logique criminelle ★★

En fuite, Fu Manchu a laissé derrière lui, griffoné sur une feuille à l'en-tête d'un hôtel, le triste bilan de ses victimes. Il aparaît qu'il y a une méthode dans sa folie criminelle.

Un morceau déchiré empêche de connaître le nombre de végétariens.

anglais	12
chauves	12
rouquines	20
moustachus	24
kleptomanes	28
bouddhistes	28
végétariens	

Combien de végétariens ?

Entrez dans sa logique.

Émergence de Fu Manchu

La BIRMANIE.

La signature de Fu Manchu

Les trajets des carrés dessinent FM

Signe distinctif

Les MOUSTACHES.

Yin et yang

Les droites et les cercles délimitent 10 zones.

Les méandres du kriss

Allons de la gauche vers la droite.

Le premier K ne donne qu'un seul KRISS.

Le second touche un R supérieur, qui donne 4 ISS à gauche et 4 ISS à droite, soit un total de 8. Il touche aussi un R en bas à droite qui donne 4 ISS.

Le total final est ainsi de 13 KRISS.

La corde des victimes

La corde porte 2 noeuds.

Demande de rançon

*Très honoré correspondant,
vous pouvez facilement
libérer votre ami contre la
remise de dix grammes d'or.*

Second message

Le mot RETARD, même lettre en 1 et 5, s'identifie au second mot et livre 5 lettres. Le reste suit de proche en proche.

*Votre retard met
dangereusement en péril
la vie de votre ami, qui
pourrait regrettablement la
quitter dès demain.*

Les masques de Fu Manchu

Je suis docteur en philosophie, en droit et en médecine.

Appelez-moi simplement docteur.

Logique criminelle

30 végétariens : le nombre de voyelles multiplié par le nombre de consonnes.

Violette Morris

Son troisième prénom ★

Comble d'ignominie, l'espionne Violette Morris vendit aux Allemands, la veille de la Seconde Guerre mondiale, les plans de la ligne Maginot. Elle était pourtant fille du baron Pierre Jacques Morris et portait elle-même trois prénoms : Violette, Paule et un troisième.

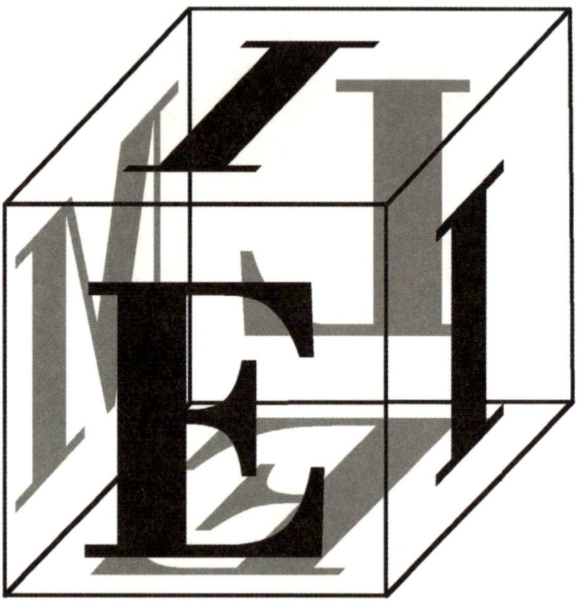

Lisez le prénom en suivant des faces qui se touchent.

Quel prénom ?

EMILIE

Traîtresse déterminée ★★

Elle meurt en avril 1944, sous les balles des résistants du maquis Surcouf, accusée d'avoir travaillé toute la guerre avec la gestapo et la milice.

Imaginez sous le blason de Surcouf, les zones créées par l'intersection des formes.

Combien de zones ?

Les sports de Violette ★

Parmi les nombreux sports qu'elle pratiquait, l'un d'eux est incompatible avec ce cercle.

Lancer du poids

Lancer du disque

Boxe

Cyclisme

Football

Équitation

Tennis

Tir à l'arc

Water polo

Haltérophilie

Plongeon de haut vol

Lutte gréco-romaine

Celui qui ne peut pas s'écrire avec ces 25 lettres.

Quel sport ?

Le symbole dans la coupe ★★★

En transmettant à l'ennemi une coupe de la ligne Maginot, Violette Morris y a caché le tracé d'un symbole.

Quel tracé ?

Suivez le tracé des cases déplacées.

Combattante ★★

Violette joua son rôle sur le front de la Somme, pendant la Première Guerre mondiale.

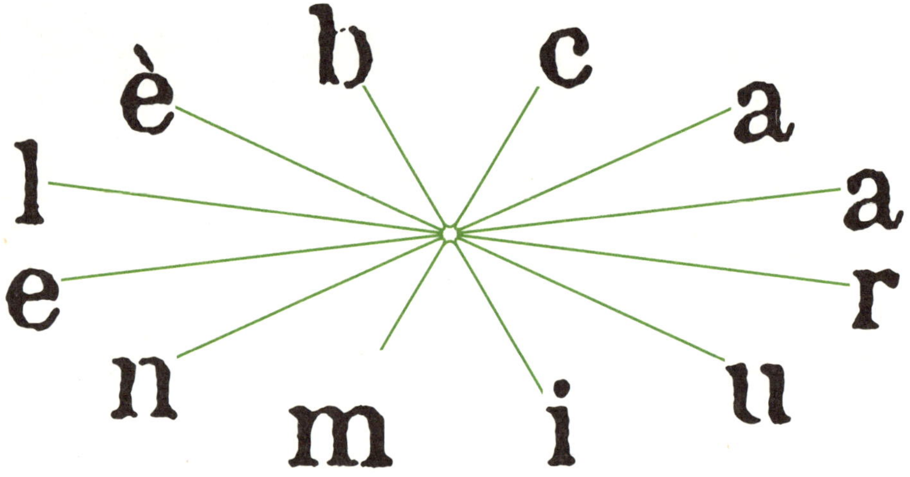

Quel rôle ?

Sautez régulièrement de lettre en lettre.

Autre trahison ★★

Violette Morris a livré à l'ennemi plus que les plans de la ligne Maginot.

L	T	T	S	E	L	U	O	M	B	A	T	E	S	U	S	A	H
R	R	L	S	O	D	I	V	R	O	U	V	E	R	E	N	C	C
E	E		D		M	C	A	N	E		L		A			E	U
A	L		E			U											

Tombez chaque lettre verticalement dans sa case.

Quelle trahison ?

Son troisième prénom

Violette Paule ÉMILIE Morris.

Traîtresse déterminée

Il y a au total 6 zones.

Les sports de Violette

L'haltérophilie ne peut s'écrire sans H.

Le symbole dans la coupe

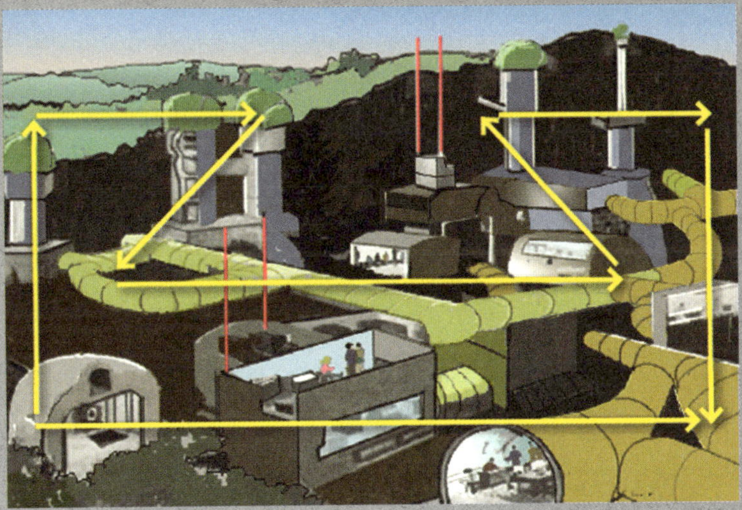

Combattante

Elle fut AMBULANCIÈRE dans la Somme et estafette à Verdun.

Autre trahison

Elle livre les secrets du nouveau char de combat Renault SOMUA.

Le réseau de Pierre Nord ★

Espion actif pendant deux guerres mondiales, de 1916 à 1945, Pierre Nord a décrit le métier d'espion dans plusieurs dizaines de romans.
De 1942 à 1944, il fut commandant en second d'un de ces treize réseaux secrets de résistance :

Brandy
Brutus
Électre
Éleuthère
Françoise
Gallia
Kléber
Manipule
Marco-Polo
Maurice
Nemrod
Parsifal`
Pommiès
Vira

Son réseau ne peut s'écrire avec ces 25 lettres.

Quel était son réseau ?

Code Pierre Nord ★★

Pierre Nord était son nom de code au sein de la Résistance, alors que son nom véritable évoquait pourtant fortement l'ombre et le secret ...

Quel est son code ?

La collection de ses romans ★

Aussi actif en littérature que sur le terrain, Pierre Nord publia ses premiers romans dans une célèbre collection.

Lisez la collection en suivant des faces qui se touchent.

Quelle collection ?

MASQUÉ

Pierre Nord

Le nombre caché ★★★

Un nombre a été transmis dans cette vue aérienne des services de contre-espionnage de Paris [1].

Quel nombre ?

Suivez les trajets des déplacements de carrés.

[1] *Image de base volontairement erronée pour préserver la confidentialité du lieu.*

Le double polybe ★

		A	B	C	D	E
		F	G	H	I	J
K	P	F	O	R	E	T
L	Q	A	B	C	D	G
M	R	H	I	J	K	L
N	S	M	N	P	Q	S
O	T	U	V	W	X	Y

Une grande amélioration de la grille de Polybe consiste à coder l'emplacement des cases par des lettres au lieu de chiffres et à référer chaque ligne et chaque colonne par deux lettres possibles, à choisir au hasard. Par exemple L peut être codé MG, MB, RB ou RG. De cette manière, il n'y a plus de combinaisons plus fréquentes que d'autres, permettant aux décodeurs de repérer le E et les autres lettres très fréquentes.

Pierre Nord correspond ici avec un réseau qui utilise ce système. À cette occasion, le mot clé est FORÊT.

NF	RG	NJ	SJ	MG	KB	NB
QI	KD	KH	PI	LH	PB	SG
NB	LA	MG	SE	SE	LA	NB
QH	PI	NH	PC	PI	OB	TA
KD	SA	QF	KC	QI	RG	NJ
PB	MG	KH				

Quel est le message ?

Appliquez le système en sens inverse.

Le masque du Masque ★★

Ses romans parurent dans la collection Le Masque, connue par son emblème dessiné par Maximilien Vox.

Sous le masque, les figures crées des zones.

Combien de zones ?

Un ordre codé ★★

Nouveau message avec le même système mais une clé différente.

LH TI PE KH NA PI PF QI KG
LH LI NJ ND TF QI NC SG
SJ SJ PD LA RJ LI ME QI SC
SG KJ PA LE QD PB PB SB
OG PD PC PD PB QD

Que dit le message ?

Indice : la mission concerne le TRAIN.

Ses débuts d'espion ★★

À quinze ans, en zone envahie par l'ennemi pendant la Première Guerre mondiale, il se livre spontanément à de premières activités d'espionnage. Il sera pris, condamné à mort et grâcié en raison de son jeune âge.

I	A	E	O	S	A	A	L	V	E	L	S	T	D	T	S	L	E
S	M	M	T	B	S	E	R	L	N	T	E	I	D	E	R	A	T
R	L	I	N	U	V	U	M	E	A	M	L	N	E	S			N
S			O			E	X		E		A			S			

Que fait-il ?

Tombez chaque lettre verticalement dans sa case.

Le réseau de Pierre Nord

Son réseau Éleuthère ne peut s'écrire sans le H qui manque dans le carré.

Code Pierre Nord

André BROUILLARD.

La collection de ses romans

La collection Le MASQUE, créée par Albert Pigasse.

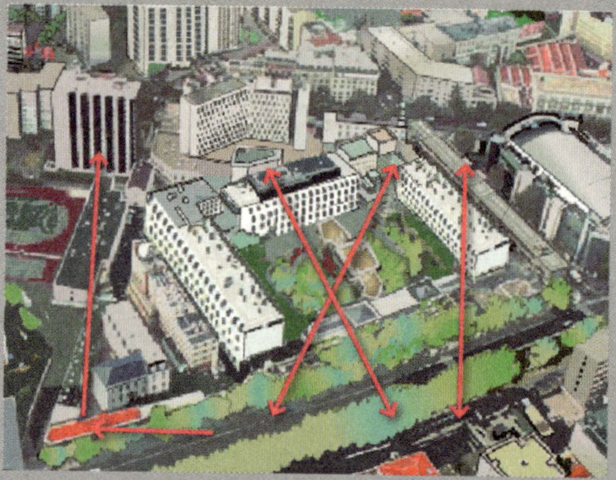

Le nombre caché

61 en chiffres romains.

Le double polybe

Mission de reconnaissance prévue mardi soir.

Le masque du Masque

Les droites et les cercles délimitent 12 zones.

Un ordre codé

Dynamiter dès que possible le pont ferroviaire

		A / *F*	*B* / *G*	*C* / *H*	*D* / *I*	*E* / *J*
K	*P*	F	O	R	E	T
L	*Q*	A	B	C	D	G
M	*R*	H	I	J	K	L
N	*S*	M	N	P	Q	S
O	*T*	U	V	W	X	Y

Ses débuts d'espion

Il observe et transmet aux alliés les mouvements des trains allemands.

La compagne du Saint ★

Personnage créé par Leslie Charteris, le gentleman-cambrioleur très british agissait souvent en compagnie d'une amie dont le prénom est également très british.

Lisez le prénom en suivant des faces qui se touchent.

Quel prénom ?

La Rolls du Saint ★

Simon Templar se déplace le plus souvent en Rolls Royce. Le type qu'il préfère figure parmi ces marques de la firme célèbre :

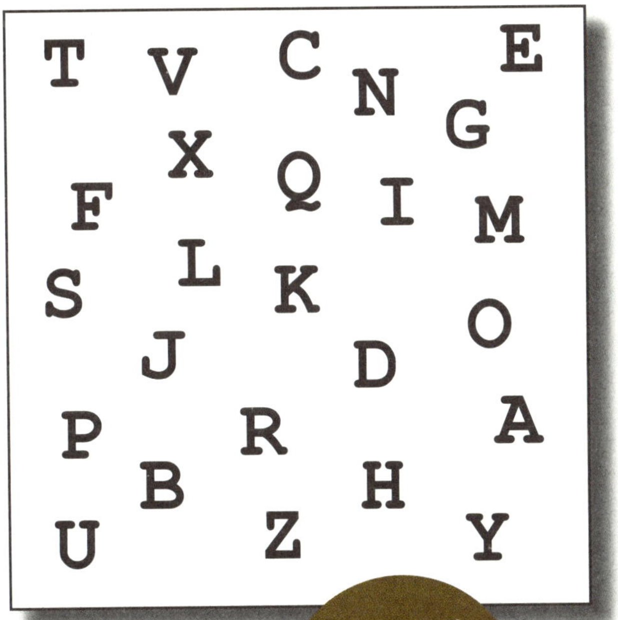

Elle ne peut s'écrire avec ces 25 lettres.

- Phantom
- Ghost
- Hyperion
- Drophead
- Mansory
- Silver spirit
- Silver spur
- Silver seraph
- Silver shadow
- Corniche
- Silver ghost picadilly

Quelle est la voiture du Saint ?

Une réincarnation ★★★

Le personnage a été considéré comme la réincarnation d'un héros mythique.

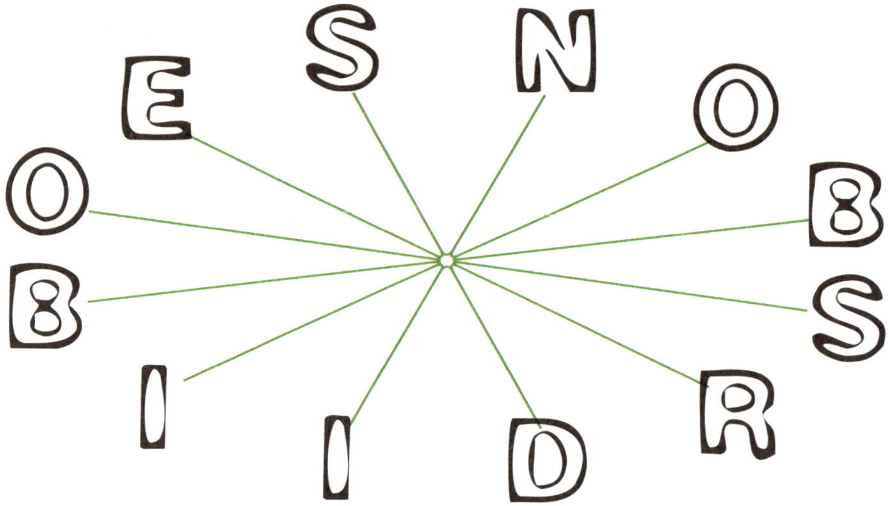

Sautez régulièrement de lettre en lettre.

Quel héros ?

La calandre fantôme ★★

Le Saint apparaît pour la première fois en 1928, l'année où Rolls et Royce sortent leur voiture mythique : la Phantom I.

Sa calandre cache les zones délimitées par le cercle et les quatre droites.

Imaginez les droites et le cercle sous la calandre.

Combien de zones ?

Le saint et la secte ★

Dans un épisode rarement publié de ses aventures, le Saint se confronte à une secte qui code ses messages avec un antique alphabet datant du seizième siècle.

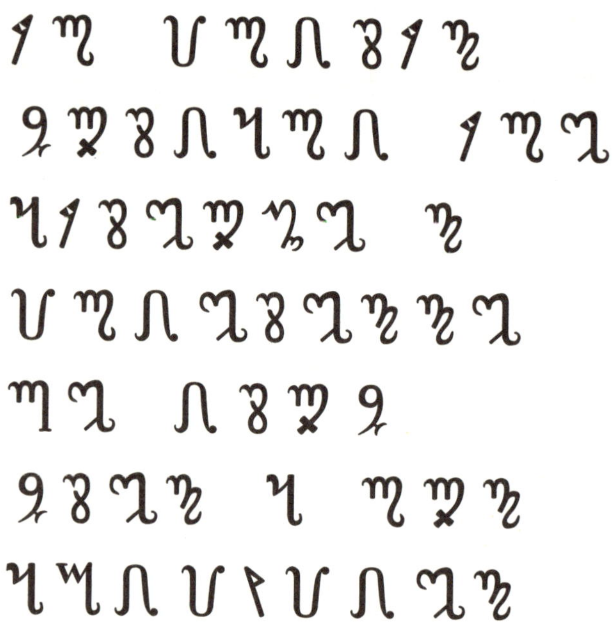

Que dit le message ?

Utilisez la table des correspondances.

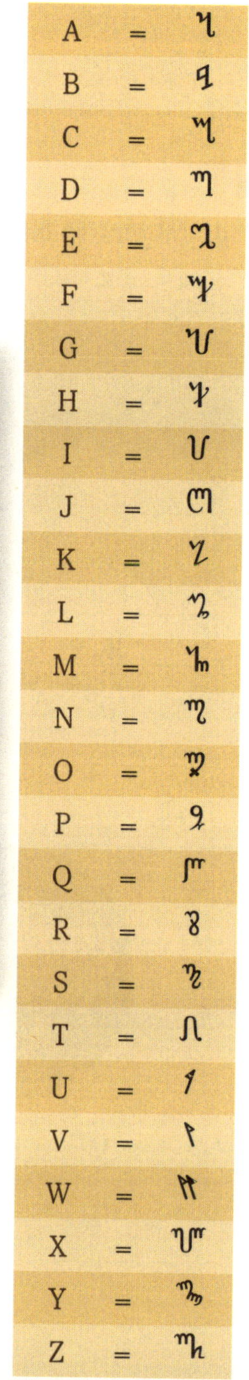

La farandole des saints ★★

Toutes les incarnations du Saint se retrouvent dans une farandole, dont l'image est bouleversée par des déplacements de case qui signalent la présence du Saint.

Quel est le signal ?

Suivez les trajets des carrés.

Face au danger ★

Le Saint considère la mort avec désinvolture et en plaisante facilement.

L	Z	V	E	A	U	V	C	I	L	L	T	B	Q	D
E	A		M	S	S		N	E	E	E	E	E	A	L
E	E		O	U	T		A		S	N			N	U
L			P	A	S									

Que dit Le Saint ?

Tombez chaque lettre verticalement dans sa case.

Message plus inquiétant ★★★

Pour échapper aux recherches du Saint, la secte modifie les correspondances de son alphabet dans un nouveau message.

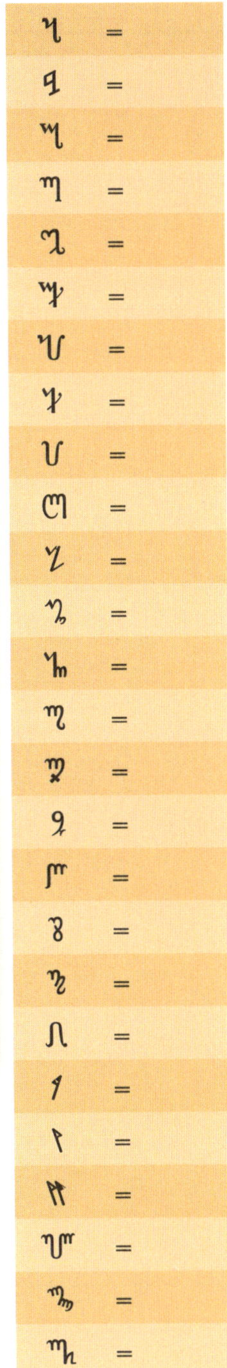

Indice : le texte évoque le BÛCHER.

Que dit le message ?

Tapis à contresens ★★★

Le Saint tente de prendre un avion alors qu'il est arrivé tard à l'aéroport. Il se précipite en courant dans un couloir qui va l'amener droit à son but. Malheureusement, il se rend compte qu'un tapis roulant occupe le sol et fonctionne en sens inverse de celui qu'il a besoin d'emprunter. Il est à contresens !

Le tapis, dans ce couloir de 400 mètres, se déroule à la vitesse constante de 6 kilomètres à l'heure.

Si Le Saint n'a que deux minutes pour atteindre son avion, à quelle vitesse doit-il courir sur le tapis pour arriver à temps ?

Partez de la situation sans tapis.

Le Saint aura-t-il son avion ?

Les chaussettes du Saint ★★★

Simon Templar est toujours vêtu de manière impeccable. Il se rend chez un des meilleurs tailleurs de Saville Row pour renouveler sa garde-robe et fait son choix. À la caisse, le vendeur rédige une facture qui semble plus reposer sur la logique que sur la réalité.

Dans cette même logique, la facture indiquait aussi un prix pour les chaussettes.

3 cravates	40 £
5 chemises	32 £
2 auréoles	32 £
1 veste	15 £
7 gilets	24 £
12 chaussettes	?

Utilisez toutes les données.

Combien pour les chaussettes ?

La compagne du Saint

PATRICIA Holm.

La Rolls du Saint

La Silver Shadow (L'Ombre d'Argent) ne peut s'écrire sans W.

Une réincarnation

Robin des bois.

La calandre fantôme

Les droites et le cercle délimitent 10 zones.

Le saint et la secte

Un intrus portant une auréole s'intéresse de trop près à nos activités.

Solutions Le Saint

La farandole des saints

Le trajet des déplacements de cases dessine l'auréole du Saint.

Message plus inquiétant

Les faux saints comme les faux prophètes doivent périr sur le bûcher.

Le texte contient deux mots de 6 lettres comme BÛCHER : le troisième et le dernier. Seul le dernier a ses lettres toutes différentes. Cela livre 6 lettres qui aident à résoudre le reste.

Face au danger

La mauvaise balle est celle que vous n'entendez pas.

Tapis à contresens

Allant à 6 km à l'heure, le tapis se déplace de 100 mètres par minute : 6 000 m / 60. Il fait donc 200 mètres dans le mauvais sens pendant les 2 minutes qui reste au Saint. Celui-ci doit donc parcourir en 2 minutes la longueur du couloir plus ce handicap, soit 200 + 400 = 600. En deux minutes cela représente 18 km à l'heure, ce qui est possible pour un sportif.

Les chaussettes du Saint

Le prix est le nombre de lettres du nombre multiplié par le nombre de lettres de l'article :

trois(5) x cravates(8)	= 40	une(3) x veste(5)	= 15
cinq(4) x chemises(8)	= 32	sept(4) x gilets(6)	= 24
deux(4) x auréoles(8)	= 32	douze(5) x chaussettes(11)	= 55

Jacques Bergier

Sa ville natale ★

Jacques Bergier, espion, écrivain, chercheur scientifique et inventeur entre beaucoup d'autres choses, était né en 1912 dans un port du bord de la mer Noire.

Lisez sa ville natale en suivant des faces qui se touchent.

Quelle ville ?

ODESSA

Le symbole dans l'escalier ★★★

Le monument célèbre de la ville natale de Jacques Bergier a été perturbé pour représenter un symbole.

Suivez les trajets des carrés déplacés.

Quel symbole ?

La base secrète ★★

Son réseau Marco Polo, recueillant les informations d'un ingénieur russe, transmet à Londres en 1942 l'emplacement de la base d'expérimentation des fusées allemandes V2.

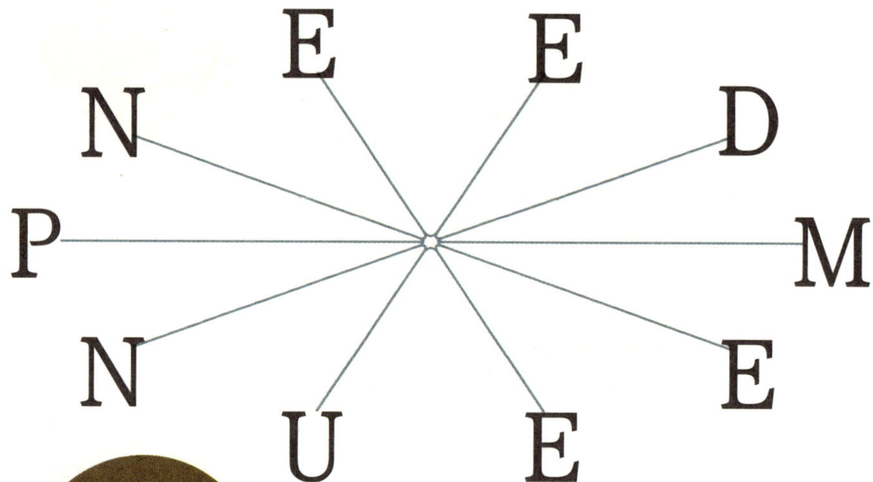

Sautez régulièrement de lettre en lettre.

Quel emplacement ?

Réseau Marco Polo ★★★

La figure de son réseau masque la rencontre de deux carrés avec deux cercles concentriques.

Imaginez les figures sous la tête.

Combien de zones sont définies ?

Les OVNI ★★

Une opinion de Jacques Bergier sur ces phénomènes.

H	E	L	T	I	V	N	S	S	T	E	O	V	S	Q	T	E	E
S	A	S	A	R	V	S	N	A	P	I	X	T	O	D	E	E	R
L	E	P	T	R	E	I	E		S	R	N	T	R	A	U	O	L
L	E	S	L	O	C	E	I			O	O	N			C	S	
R		C		U		D											

Tombez chaque lettre verticalement dans sa case.

Que dit-il ?

Uraniens du futur ★★★

Jacques Bergier n'espionnait pas seulement les ennemis en temps de guerre. Il tentait de communiquer avec les autres époques et il a écrit sur les voyageurs du temps. Rien n'interdit de penser qu'il a reçu d'importantes informations des uraniens du futur, dans leur alphabet avec d'autres correspondances.

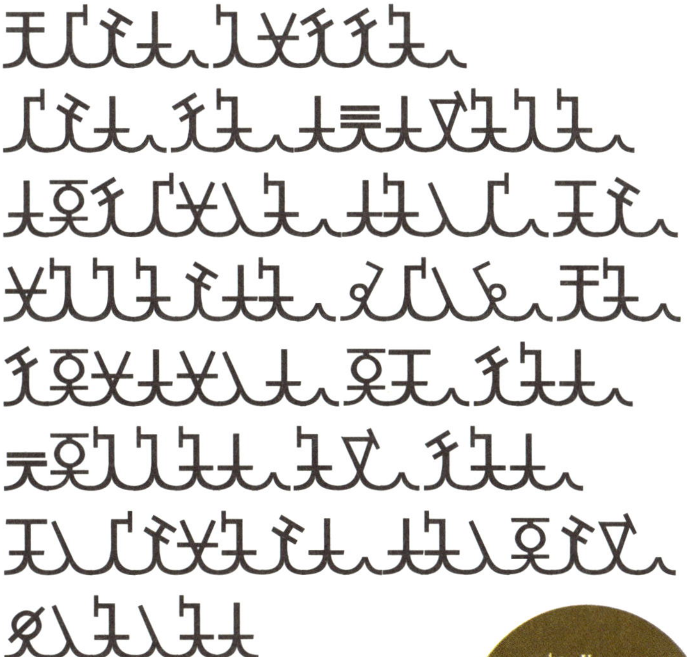

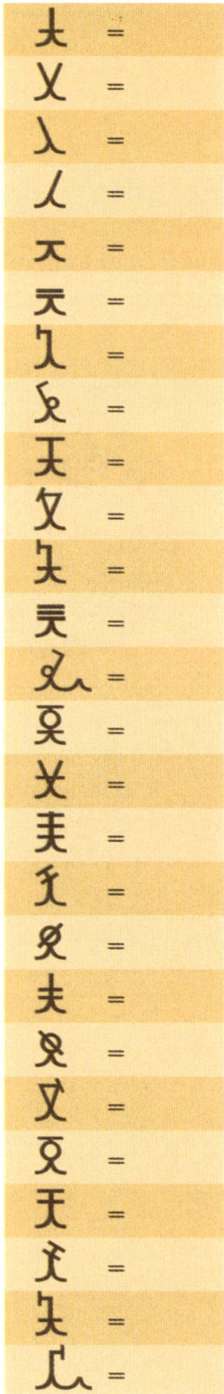

Indice : le message contient le mot LOISIRS.

Quel est le message ?

Espions d'ailleurs ? ★

Sont-ils des espions d'ailleurs ou du futur ? Le début d'une attitude saine et scientifique devant les OVNI, comme pouvait être celle de Jacques Bergier, est simplement de les compter.

Lisez en suivant les lettres qui se touchent.

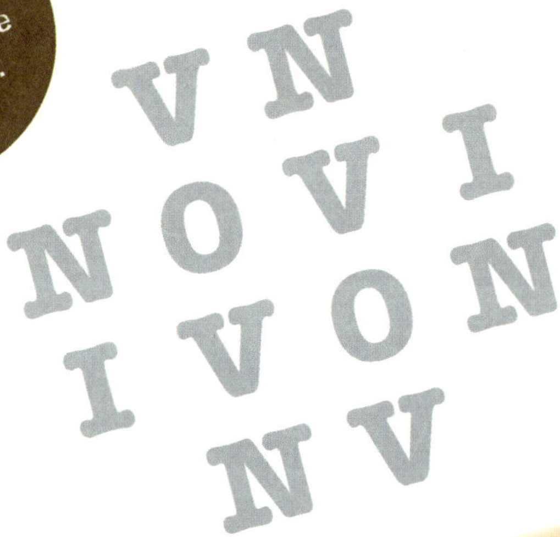

Combien d'OVNI ?

Humour OVNI ★★★

Jacques Bergier nous a quittés trop tôt pour avoir connu *Calvin & Hobbes* de Bill Watterson. Il aurait certainement partagé leur humour car tout en étant très sérieux sur la question des extraterrestres, il avait beaucoup de doutes sur le sérieux du genre humain.

I	A	L	I	R	D	E	I	S	E	S	U	N	S	U	A	E	U
L	S	N	E	G	E	N	C	E	E	O	A	E	I	L	I	N	L
E	E	N	E	U	S	U	V	S	I	T	R	T	Q	P	L	S	T
R	I	T	E	R	N	V	U	S		D	N		S			I	X
S	L	V	P		E	O	T			T	T						
N			D				S			Q	E						

□	□		□	□	□	□	□	□		□	□		□	□		□	□	-
□	□	□	□		□	□	□		□	□	□	□	□		□	□	□	-
□	□	□	□	□	□	□	□	□		□	□	□	□		□		□	-
□	□	□	□	□	□		□		□	□	□		□	□		□	□	-
□		□	□		□	□	□	□		□	□	□		□	□	□		
□	□	□	□	□		□	□	□	□	□	□							

Que disent Calvin & Hobbes ?

Tombez chaque lettre verticalement dans sa case.

Sa ville natale

Jacques Bergier était né à ODESSA.

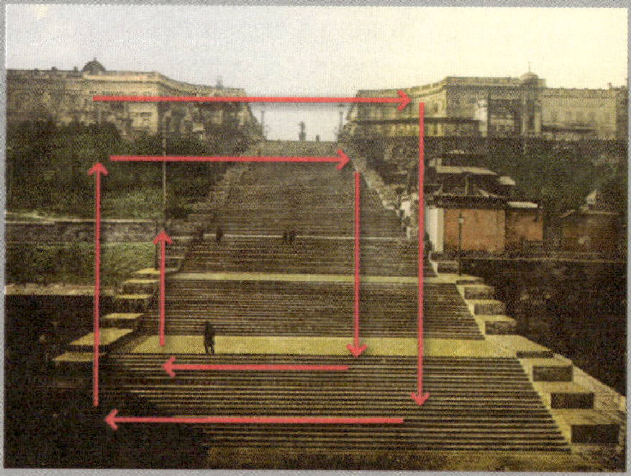

Le symbole dans l'escalier

Les trajets des carrés dessinent une spirale.

La base secrète

Peenemunde.

Réseau Marco Polo

Les figures définissent 11 zones.

Les OVNI

Les OVNI sont des hallucinations collectives provoquées par des extraterrestres.

Uraniens du futur

LOISIRS s'identifie comme seul mot de 7 lettres ayant mêmes lettres en 3 et 5 et en 4 et 7. Ses lettres permettent de résoudre le reste.

Dans mille ans le système solaire sera un immense parc de loisirs ou les hommes et les uraniens seront frères.

Espions d'ailleurs ?

Chacun des 2 O touche 3 V, qui touchent chacun 2 N touchant un seul I. On peut donc lire 2 x 3 x 2 = 12 OVNI.

Humour OVNI

La preuve qu'il existe des êtres intelligents dans l'univers, c'est qu'ils ne nous ont pas rendu visite.

Calvin & Hobbes, de Bill Watterson.

Le visage de Smiley ★

George Smiley, l'espion anglais créé par John Le Carré, a dans notre imagination une figure indissociable de celle de l'acteur qui l'a incarné à l'écran.

Quel acteur ?

Lisez le nom en suivant des faces qui se touchent.

Vue chiffrée ★★

Cette image des bureaux de l'Intelligence Service, le centre d'espionnage anglais, a été bouleversée pour cacher un nombre.

Quel nombre ?

Suivez les cases déplacées.

Secret spectaculaire ★

Smiley se réfère souvent aux services de renseignements anglais comme à une certaine forme de spectacle.

Quel spectacle ?

Sautez régulièrement de lettre en lettre.

Les figures sous le chapeau ★★★

Le chapeau melon classique des agents britanniques cache la rencontre des droites et des cercles.

Imaginez les rencontres sous le chapeau.

Combien de zones ?

Codes ★

Le CODE, qui est la base de travail de tout agent secret, peut se lire ici de plusieurs manières, horizontalement, verticalement ou en diagonale.

Lisez en suivant les lettres qui se touchent.

Combien de lectures de CODE ?

Le chiffre des grilles ★

C	A	P	A
R	G	D	A
E	H	R	U
A	M	T	I

Smiley est au contact d'un réseau qui code ses transmissions par le système des grilles à trous. Par exemple, si le message est PARACHUTAGE MARDI, la grille est posée sur un papier et successivement : on écrit dans les trous PARA, on tourne d'un quart de tour, on écrit CHUT, on tourne et on écrit AGEM, on tourne et on écrit ARDI. Le résultat est le carré de lettres en bas à droite et l'on transmet : CAPARGDAEHRUAMTI.
Le correspondant possède la même grille secrète, dispose les lettres en carré, place la grille et lit un quart de tour à la fois.

AVOE RSST
CPTE PITE

Utilisez cette nouvelle grille.

Que dit cet autre message ?

Grille absente ★★★

Décoder un tel message est beaucoup plus difficile quand on ne possède pas la grille.

L'opération est d'autant plus frustrante que les lettres du message sont là, sous les yeux du décodeur mais dans un désordre qu'il ne sait pas comment résoudre. Une aide peut provenir d'un mot que l'on soupçonne figurer dans le message. Il indique des successions de lettres, donc des emplacements possibles de cases trouées.
Voici l'occasion d'essayer vos talents.

L	A	E	A
N	T	Q	E
U	S	N	T
U	E	A	S

Indice : le message contient le mot **ATTAQUE.**

Quel est le texte ?

La grille s'agrandit ★★

Un autre message est intercepté, codé cette fois-ci par une grille 5 x 5 elle-même également interceptée par une autre voie.

ESUNT OEPUA
ARCET SRIRR
ITVOE

Appliquez la nouvelle grille.

Que révèle le message ?

Smiley

Collègues ★★

Smiley s'adresse à un adversaire de l'autre bord.

R	U	S	A	D	E	T	N	I	O	S	C	S	S	E	P	H	E
N	S	L	E	S	V	F	R	S	A	M	N	E	E	R	A	A	S
E	O	U	S	A	N	F	A	E	B	E	M	A	S	P	S	S	A
E		I		D	I	E	F	O	R	L	E	H	S		C	H	D
C		N			U	I	E	E	U			T			C		S
		L															

□	□	□	□		□	□		□	□	□	□	□	□		□	□	□	
	□	□		□	□	□	□	□	□	□	□	□	□		□	□	□	-
□	□	□		□	□		□	□	□	□		□		□	□	□	□	-
□		□	□		□	□	□		□		□	□	□	□	□	□	□	-
□		□	□	□		□	□	□	□	□	□	□	□	□	□		□	-
□		□		□	□	□	□	□										

Tombez chaque lettre verticalement dans sa case.

Que dit Smiley ?

La clé de l'astrologue ★★★

Smiley se trouve confronté à une clé, un mot de 5 lettres, nécessaire pour ouvrir le coffre d'un agent ennemi dont la couverture est qu'il prétend être un astrologue.

Il réussit à déterminer le mot grâce à un certain nombre d'indices récoltés par ailleurs :

- TRACE a trois lettres à la bonne place et une mal placée
- VIOLE a une lettre bien placée
- COLIN a une lettre bien placée
- POINT n'a aucune bonne lettre
- enfin BENIN a deux lettres communes mais mal placées.

Usez de tous les indices.

Quelle est la clé ?

Le visage de Smiley

L'acteur est Alec GUINESS.

Vue chiffrée

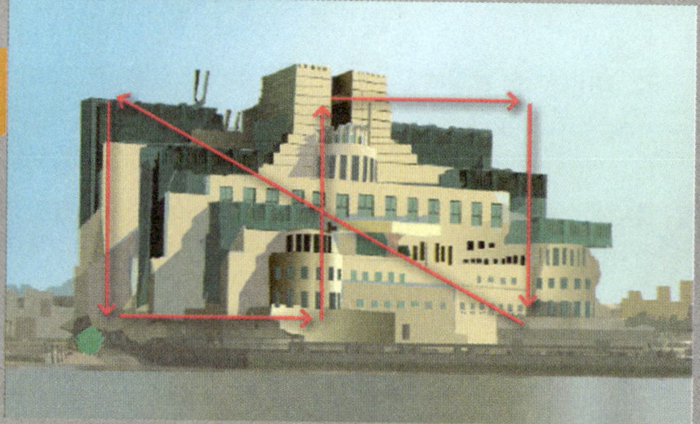

Les cases déplacées dessinent un huit couché.

Secret spectaculaire

LE CIRQUE

Les figures sous le chapeau

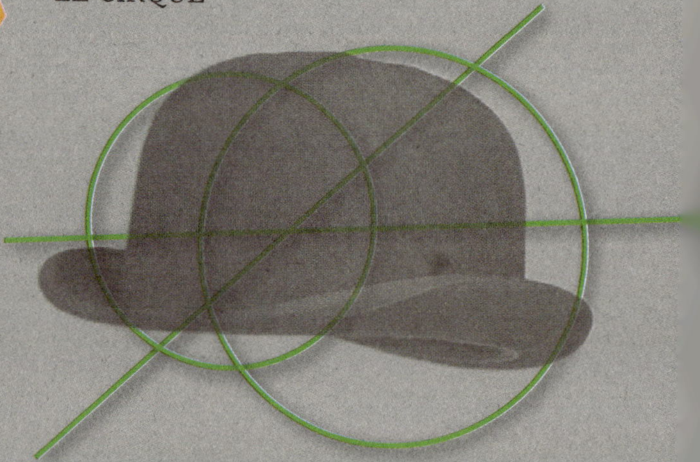

Le chapeau dissimule 9 zones.

Codes

Chaque C nord ou sud touche 1 OD, touchant chacun 4 E, d'où 8 CODE.

Chaque C latéral touche 2 OD, touchant chacun 4 E, d'où 16 CODE.

Au total : 24 manières de lire CODE.

Le chiffre des grilles

Activer poste sept.

Grille absente

La lettre Q est la plupart du temps suivie de U, ce qui est une première aide. Avec cette grille on obtient :

Attaques annulées.

La grille s'agrandit

Soutien arrive par route est.

Collègues

Nous ne sommes pas si différents : chacun de nous a passé sa vie à chercher les faiblesses de l'autre.

La clé de l'astrologue

Il est fortement suggéré que le mot a un rapport avec l'astrologie. Effectivement, les indices pointent vers CRABE, nom d'une constellation.

La James Bond girl ★

Les co-équipières de James Bond sont des partenaires essentielles de ses aventures.

Pour une nouvelle mission, il aimerait bien en retrouver une parmi les six premières :

Sylvia Trench

Honey Rider

Tatiana Romanova

Pussy Galore

Jill Masterson

Dominique Derval

Son nom ne peut pas s'écrire avec les lettres du carré.

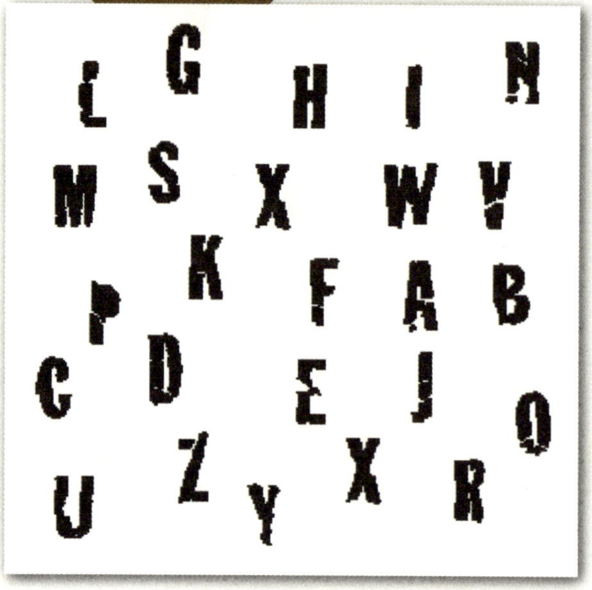

Quelle équipière accompagne Bond dans la mission ?

Le pays cible ★★

James Bond reçoit son ordre de mission, précisant le pays où il doit se rendre, sur un papier transparent curieusement plié.

Replier les trois carrés sur le centre pour lire le pays.

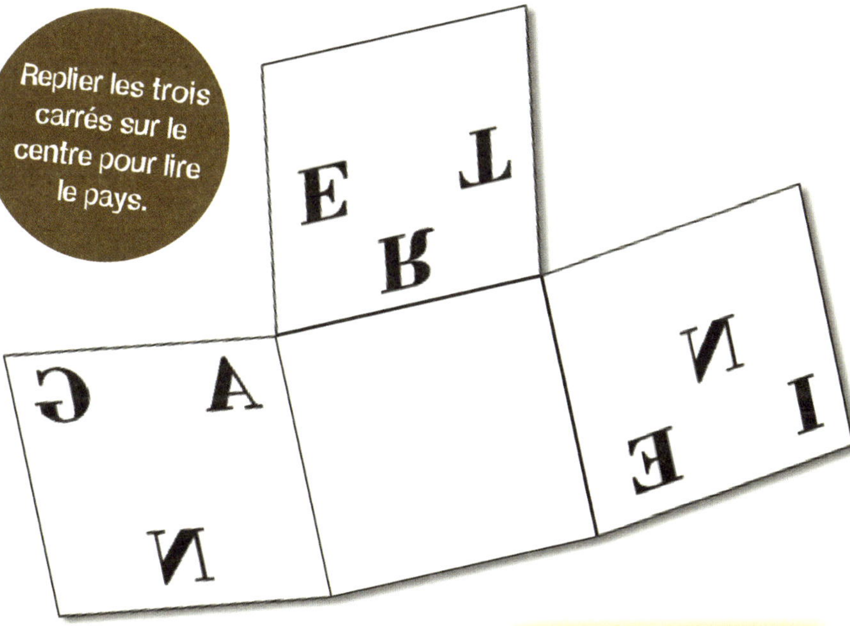

Où doit-il se rendre ?

Les gadgets de Bond ★★

Les gadgets sont emblématiques de la personnalité de James Bond. Il parle d'eux dans un message chiffré où chaque lettre est décalée d'un même nombre dans l'alphabet.

Repérez le mot « gadgets » qui figure dans le message.

OHV JDGJHWV VRQW GHV RXWLOV HVVHQWLHOV GH PRQ PHWLHU HW SUHVTXH GHV DPLV FDU LOV YRBDJHQW DYHF PRL GDQV OHV HQYLURQQHPHQWV OHV SOXV GDQJHUHXA.

Que dit Bond sur ses gadgets ?

Les sublimes « Bond cars » ★★

Trois des célèbres voitures de Bond ont été découpées et il manque des morceaux.
Or Bond doit travailler avec la voiture complète.

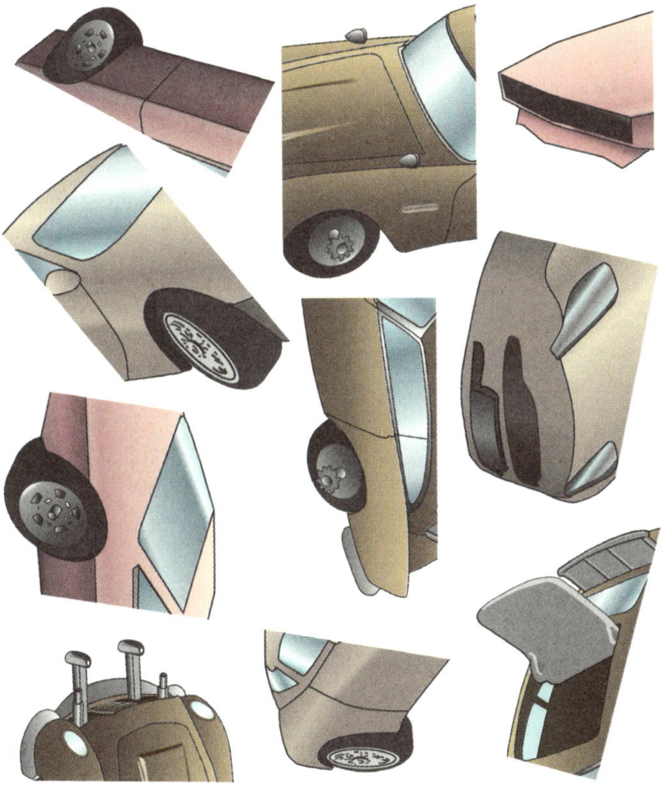

Aston-Martin Vanquish

Lotus Esprit

Aston-Martin DB5

Comparez les éléments aux véhicules.

Quelle voiture Bond va-t-il conduire ?

Les Bond stars ★★

Pour mieux se dissimuler, Bond a emprunté les visages de plusieurs célèbres vedettes du cinéma.
Pour aller encore plus loin dans la dissimulation, Bond a bouleversé les prénoms.

Roger Connery
George Moore
Timothy Lazenby
Pierce Dalton
Daniel Brosnan
David Craig
Sean Niven

Inutile de connaître tous les prénoms, le système est simple.

Quel est le vrai prénom de chacun ?

Les multiples de Bond ★★★

Qui sont les six premiers espions, si talentueux qu'ils méritent des matricules de 1 à 6, supérieurs en grade à celui de Bond ? On ne le saura sans doute jamais.
Par contre le nombre 7 est devenu un fétiche pour Bond.
Trouvez 7 multiples de 7 à trois chiffres dans la grille ci-contre.

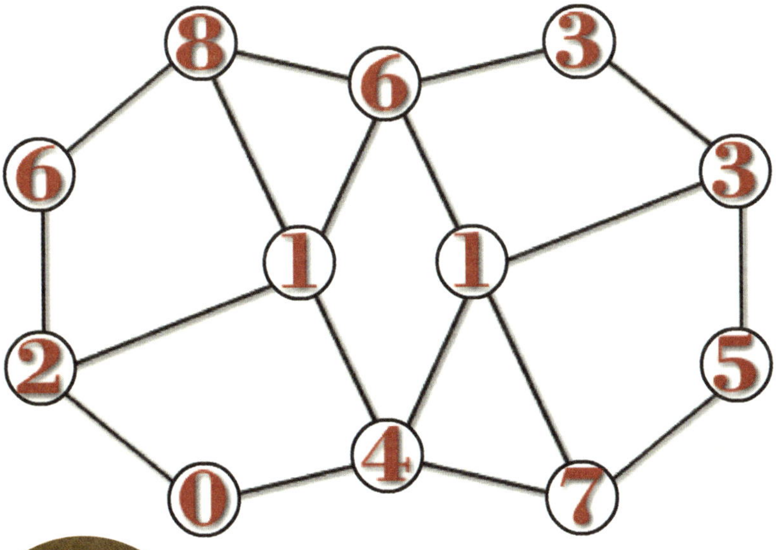

Chaque multiple est fait de chiffres liés par des segments.

Quels sont les 7 multiples de 7 ?

Double adversaire ★★★

Bond a affronté de nombreux adversaires avec succès. Mais l'un des dix de la liste ci-dessous fut si redoutable qu'il est mentionné deux fois dans la spirale de lettres.

- Alec Trevelyan
- Aristotle Kristatos
- Auric Goldfinger
- Bassam Baradj
- Brad Whitaker
- Brokenclaw Lee Fu-Chu
- Colonel Von Hammerstein
- Count Hugo Camifex
- David Dragonpol
- Dr Julius No

T	R	E	V	E	L	Y	A	N	G	O	L
G	O	N	P	O	L	K	R	I	S	T	D
A	O	D	R	A	G	O	N	P	O	A	F
R	N	O	L	D	F	I	N	G	L	K	I
D	X	G	H	I	T	A	K	E	T	O	N
N	E	X	W	H	U	W	E	R	R	S	G
I	F	E	O	C	U	F	R	B	E	B	E
E	I	F	N	J	D	A	R	A	V	A	R
T	M	I	M	A	C	N	A	Y	L	R	W
S	A	C	U	H	C	U	F	J	D	A	H
R	E	M	M	A	H	R	E	K	A	T	I

Qui est l'adversaire double ?

Multiplication des Bond ★★

Singulière manière de dissimuler un code : il se cache sous le nombre de façons de lire BOND dans ce diagramme en suivant des lettres qui se touchent, horizontalement et verticalement, dans les deux sens.

Comptez combien chaque B donne de BOND.

	B	D	
B	O	N	D
D	N	O	B
	D	B	

Combien lit-on de Bond ?

Attention : armes ★

Six armes préférées de Bond sont là sous forme de contours, y compris le mythique « golden gun » en or.

L'une d'elles y figure deux fois.

golden gun

Glock

Uzi

Magnum

Walther PPK

fusil d'assaut

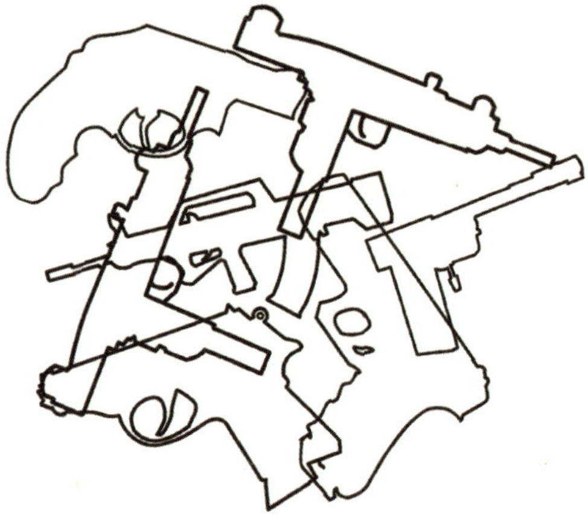

Quelle arme figure deux fois en contour ?

Suivez les contours de chaque arme.

Zéro Zéro Sept ? ★★★

Le code 007 de James Bond le porte à réfléchir sur les rapports entre 0 et le chiffre 7.

Il imagine 7 manières d'intercaler des signes arithmétiques entre 7 sept pour obtenir 0, dont celle-ci :

$$777 \times (7/7 - 7/7) = 00$$

En trouverez-vous 6 autres ?

Utilisez les signes + - / x ( )

7 7 7 7 7 7 7 = 00

7 7 7 7 7 7 7 = 00

7 7 7 7 7 7 7 = 00

7 7 7 7 7 7 7 = 00

7 7 7 7 7 7 7 = 00

7 7 7 7 7 7 7 = 00

La James Bond girl

Dominique Derval est la seule dont le nom nécessite la lettre Q, qui n'est pas parmi les vingt-cinq lettres.

Le pays cible

James Bond doit se rendre en Argentine :

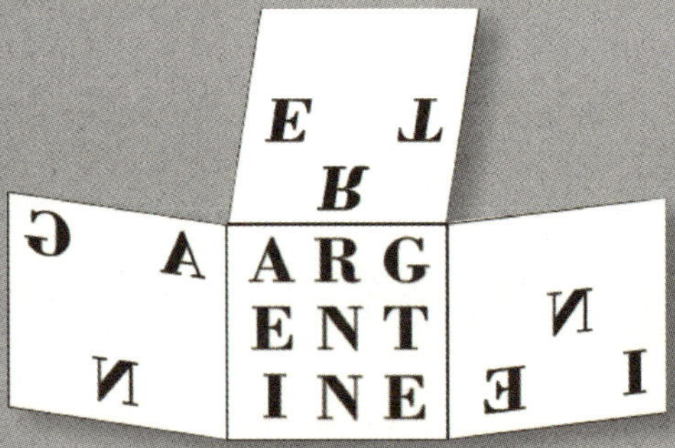

Les gadgets de Bond

Les lettres sont décalées de 3 dans l'alphabet :

LES GADGETS SONT DES OUTILS ESSENTIELS DE MON MÉTIER ET PRESQUE DES AMIS CAR ILS VOYAGENT AVEC MOI DANS LES ENVIRONNEMENTS LES PLUS DANGEREUX.

Les « Bond cars »

La voiture de la mission est la seule complète : l'Aston Martin DB5.

Les Bond stars

Les prénoms étaient décalés d'une ligne :

Sean Connery, Roger Moore, George Lazenby, Timothy Dalton, Pierce Brosnan, Daniel Craig, David Niven

Les multiples de Bond

126 133 140 147 161 168 175 182

Double adversaire

Bassam Baradj

Multiplication des Bond

Chaque B est lié à un O et deux N, chacun lié à deux D, soit 4 BOND.

Comme il y a quatre B, on a un total de 4 x 4 = 16 BOND différents.

Attention : armes

L'uzi est représenté deux fois.

Zéro Zéro Sept ?

(7 - 7 + 7) x (7/7 - 7/7)

777 x (77 - 77)

7 x 7/7 x (7/7 - 7/7)

7 x (7/7 - (7/7 / 7/7)

7 x (77/7 - 77/7)

7 x (7 - 7) x (77 / 77)

Le Prisonnier

Acteur et créateur ★★

La série télévisée met en scène un agent secret retenu prisonnier dans une ville balnéaire imaginaire.
Situation inhabituelle : l'acteur principal est aussi l'un des deux créateurs de la série.

Lisez le nom en suivant des faces qui se touchent.

Quel auteur-comédien ?

Que cache la sphère ? ★

À chaque tentative d'évasion le prisonnier est rattrapé par une sphère molle et vivante. Elle cache les cases délimitées par les figures.

Les cercles et la droite se poursuivent sous la sphère.

Combien de cases différentes au total ?

Numéro Six ★

Le verrez-vous d'un coup d'œil ?

Le numéro attribué au prisonnier est ici avec ses multiples mais la collection présente un défaut.

Quel nombre n'est pas un multiple de 6 ?

Six et les six six ★★★

Le nombre six, le numéro du Prisonnier, a plus de ressources qu'on ne le pense généralement.

Il peut par exemple se suffire à lui-même dans cette équation arithmétique où les six six se trouvant à gauche de l'égalité peuvent atteindre exactement la valeur du six se trouvant à droite… à condition d'insérer entre les chiffres les symboles arithmétiques convenables.

$$6\ 6\ 6\ 6\ 6\ 6 = 6$$

Utilisez

( ) + - x /

Quels signes établissent l'équation ?

La voiture du prisonnier ★★

C'est au volant de sa voiture de sport que le prisonnier est capturé au début de ses aventures.

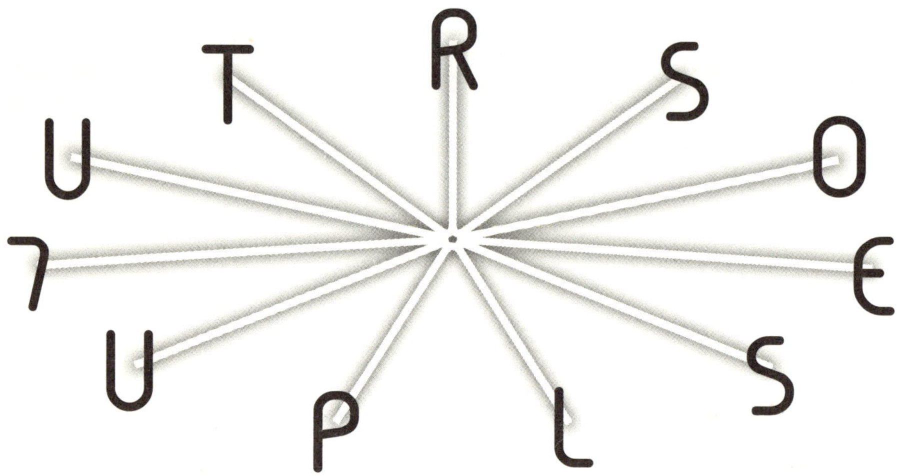

Lisez en sautant régulièrement de lettre en lettre.

Quelle voiture ?

Un message de l'extérieur ★

Dans un épisode peu connu de ses tentatives d'évasion, le prisonnier numéro six se trouve confronté à un message écrit avec des symboles qui évoquent l'univers de Tolkien.

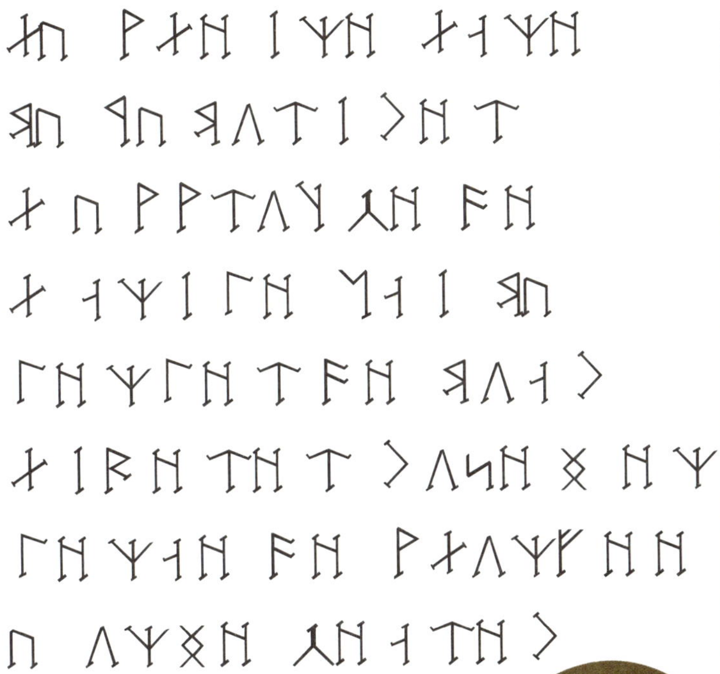

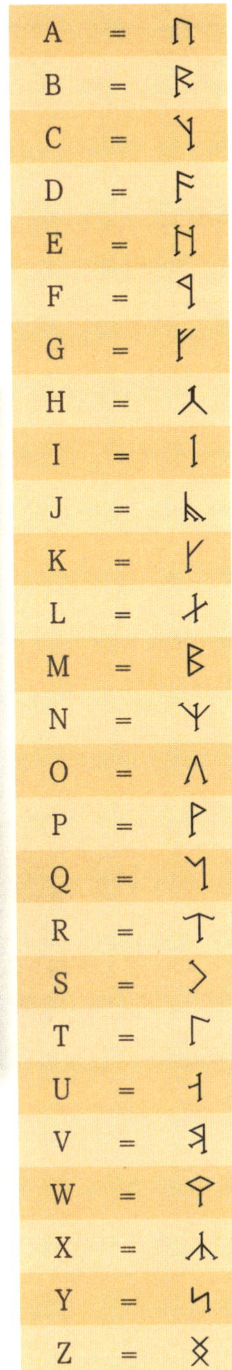

La table des correspondances va être utile.

Quel message ?

Les nœuds de la corde ★★★

Cette corde peut permettre au Prisonnier de trouver enfin la sortie du labyrinthe s'il compte correctement combien elle fait de nœuds.

Suivez les boucles de la corde.

Combien de nœuds ?

Le Prisonnier

À l'aide contre la boule !
★★★

Fort de cette connaissance d'un nouvel alphabet, le Prisonnier l'utilise pour communiquer avec d'autres complices mais en modifiant les correspondances avec les lettres latines.

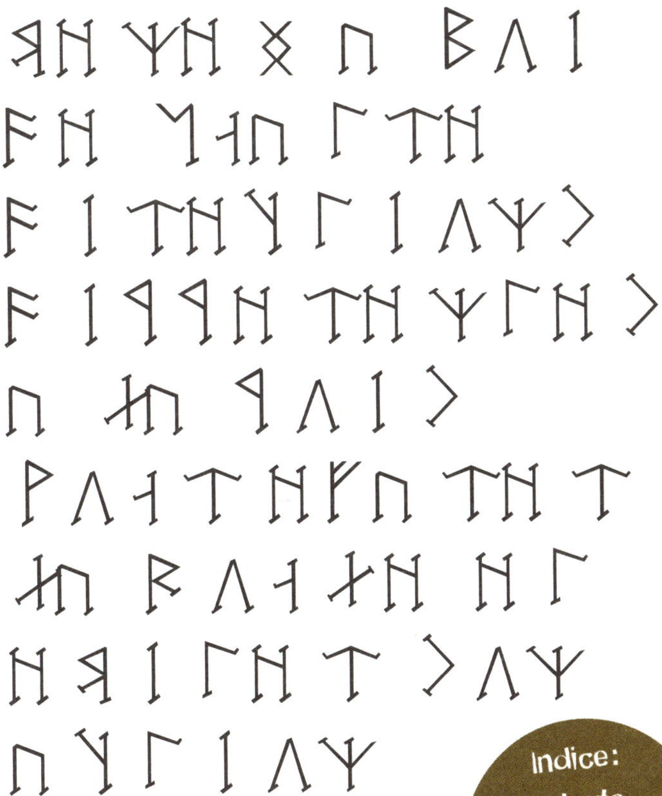

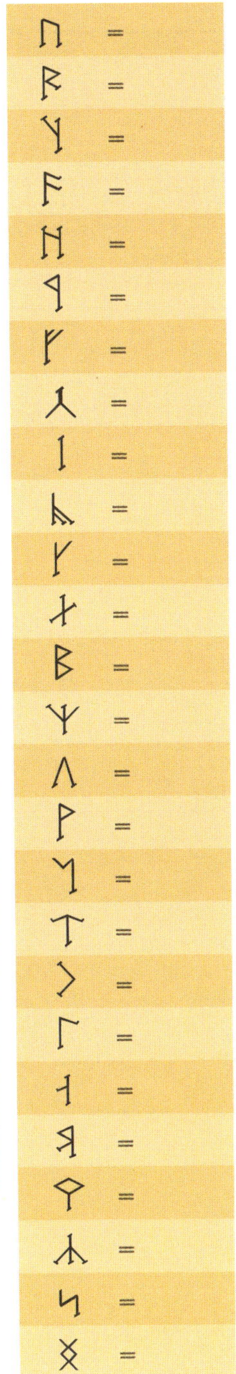

Quel est le message ?

Indice : le texte contient le mot ÉGARER.

Une réflexion ★★

Le Prisonnier s'exprime d'une manière étrange sur les mystères et leurs solutions.

E	R	N	S	Q	U	R	E	S	A	L	E	P	O	S	R	P	O
U	S	E	A	U	I	R	S	E	I	R	N	S	O	U	E	P	O
N	S	S	S	O	U	E	E	T	P	O	I	S		N	O	N	T
L	E			F	A	N	D	E	M	E		S		R			L
	U				T		M			U							

Tombez chaque lettre verticalement dans sa case.

Que dit Le Prisonnier ?

L'équation du 6 ★★★

Dans un ultime effort pour trouver la solution de son emprisonnement, le Prisonnier se trouve confronté à SIX, son numéro de référence. Il pense qu'il lui faut résoudre cette équation où tous les chiffres de 1 à 9 figurent à droite alors que figurent à gauche du signe multiplié tous les chiffres de 1 à 9 sauf 6.

** *** *** x 6 = *** *** ***

Distribuez les chiffres à partir des unités.

Quelle solution ?

Acteur et créateur

Le comédien créateur est George McGoohan.

Que cache la sphère ?

Les cercles et la droite délimitent 6 zones.

Numéro Six

142 n'est pas un multiple de 6.

Six et les six six

((66 / 6) + (6 / 6)) - 6 = 6

La voiture du prisonnier

Une Lotus Super 7.

Solutions Le Prisonnier

Un message de l'extérieur

La pleine lune va favoriser l'approche de l'unité qui va tenter de vous libérer. Soyez en tenue de plongée à onze heures.

Les nœuds de la corde

La corde est nouée exactement 3 fois.

À l'aide contre la boule !

Venez à moi de quatre directions différentes à la fois pour égarer la boule et éviter son action.

EGARER avec 6 lettres dont la même en 1 et 5 comme en 4 et 6 s'identifie au douzième mot et donne EGAR. Le reste suit de proche en proche.

Une réflexion

Les questions sont un fardeau pour les autres, les réponses une prison pour soi-même.

L'équation du 6

32 547 891 x 6 = 195 287 346

L'espion du futur ★

Dick a clairement reconnu qu'il était manipulé par un espion du futur dans ce message de ses *Exégèses*, où chaque lettre est remplacée par une autre.

UW B J NDO JNLHO AOHSEDDO

QJDS GJ LOLO OL OWWO DO

RUL AJS QJDS PO SUOPWO

Le mot « siècle » est contenu dans le message.

Que dit Dick ?

Son surnom ★★

En référence à son roman mettant en scène un Haut Château, un surnom lui avait été attribué.

Lisez le surnom en suivant les faces qui se touchent.

Quel surnom ?

Le film des précogs ★

Un film inspiré de son œuvre présente des mutants capables de prévenir les crimes à venir.

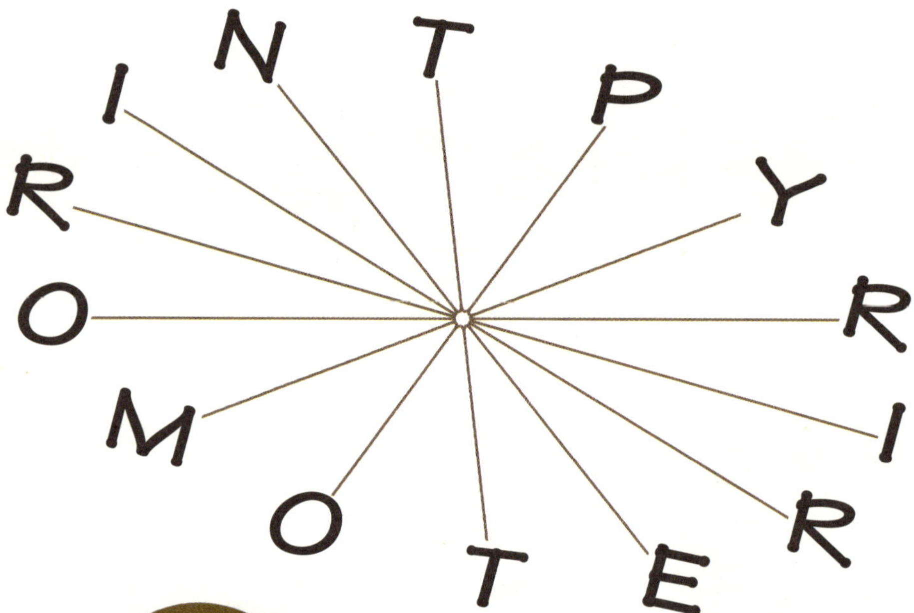

Sautez régulièrement de lettre en lettre.

Quel titre ?

Le symbole du réplicant ★★★

Un réplicant a dissimulé un symbole dans cette vue de Blade Runner.

Quel symbole ?

Suivez les parcours des cases permutées.

La réalité de Philip K. Dick ★

Dans ce message, où chaque lettre est codée par une autre, Dick évoque la réalité et comment il la définit.

Trouvez quel mot représente la REALITE.

LN RBNLTMB BUM ZB
IST VB ATUPNRNTM
PNU ISNVA EXSU
ZBUUBH A'G ZRXTRB

Que dit Dick ?

Saturne et ses anneaux ★★

La planète gazeuse occulte en partie les rencontres de quatre droites et d'un cercle.

Combien de zones ?

Comptez les zones en imaginant les dessous de la planète.

L'utile folie ? ★

Philip K. Dick pose la situation de la folie dans ce message où chaque lettre est remplacée par une lettre.

LO VASR ARZA MHMVRA HA ZAMWLZ M SPA CLRS-MRLKP ZAAOOA VMZ OM YKOLA

Cherchez le mot FOLIE dans le texte codé.

Que dit Dick ?

Combien d'UBIK ? ★

Le titre légendaire *UBIK* peut se lire de plusieurs manières dans ce carré.

Suivez les lettres qui se touchent.

U	B	U
B	I	K
U	K	U

Combien de lectures ?

Arrogants Klingons ★

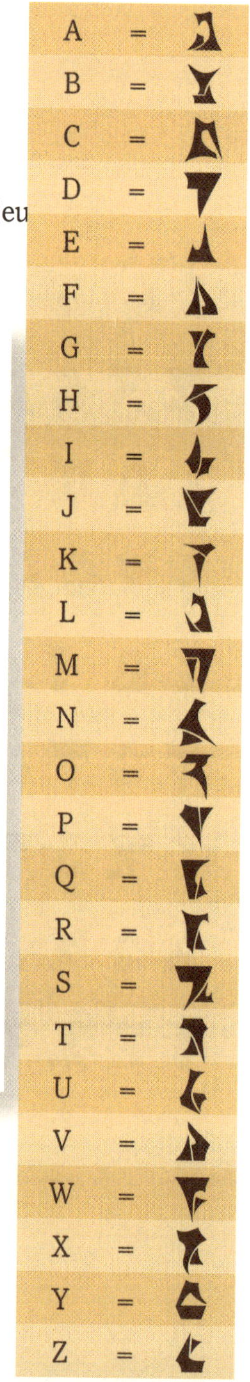

Dans l'univers de science-fiction de Star Trek où l'empire terrien est menacé par les hordes de guerriers klingons, l'enjeu était de comprendre enfin le mythique langage klingon. La correspondance est enfin établie avec notre alphabet.

Que dit ce message ?

Profitez de l'espace entre les lignes pour noter les lettres humaines.

La réponse terrienne ★★★

La réponse des Terriens aux Klingons ne se fait pas attendre, mais en bouleversant les correspondances des lettres.

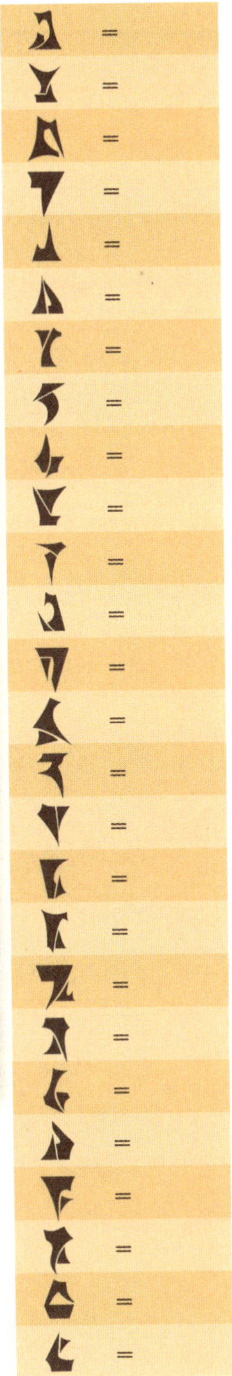

Indice : le texte contient le mot INTELLIGENCE.

Quelle est la réponse ?

L'espion du futur

Le mot SIECLE, de six lettres où une même lettre est en troisième et sixième position, se repère à la fin du texte. Cela donne S = S, U = I, O = E, P = C et W = L. En reportant ces valeurs, on trouve : « Il y a une autre personne dans ma tête et elle ne vit pas dans ce siècle ».

(Notez qu'en cryptographie les lettres accentuées sont codées sans leurs accents.)

Son surnom

Il était surnommé « Le Maître » en référence au roman *Le Maître du Haut Château*.

Le film des précogs

Minority Report.

Le symbole du réplicant

Deux carrés, l'un dans l'autre.

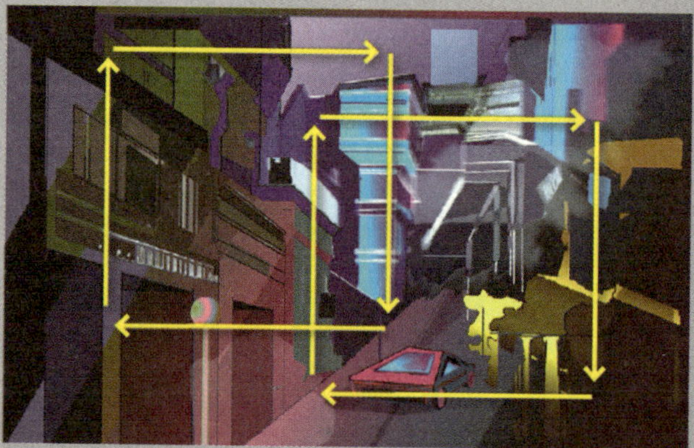

La réalité de Philip K. Dick

REALITE, où la deuxième et la septième lettres sont semblables, ne peut être que le deuxième mot. Cela donne R = R, B = B, N = A, L = L, T = I et M = T.

Il vient : *La réalité est ce qui ne disparaît pas quand vous cessez d'y croire*

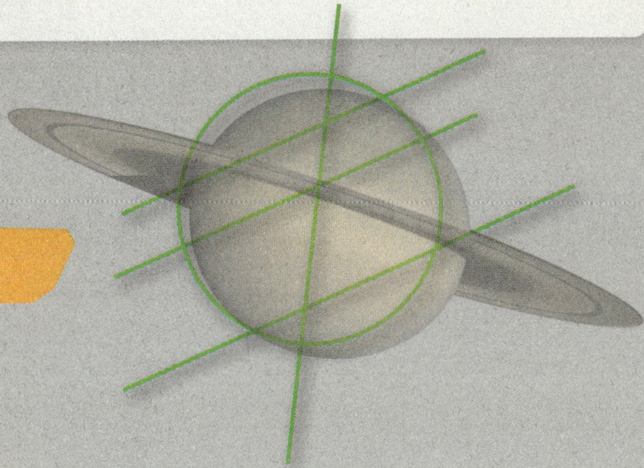

Saturne et ses anneaux

On compte 8 zones.

L'utile folie ?

Seul le dernier mot a six lettres et peut signifier FOLIE. Donc Y = F, K = O, O = L, L = I et A = E. En reportant dans ZAAOOA, Z doit être R pour faire REELLE. Il vient : *Il peut être adapté de réagir à une situation réelle par la folie.*

Combien d'UBIK

Le U Sud-Est ne permet pas de lire UBIK. Chacun des 3 autres U touche 2 B, qui touchent chacun 1 I puis 2 K possibles, soit 4 UBIK. On a donc 12 lectures différentes.

Arrogants Klingons

Le langage klingon est par définition une énigme pour les cerveaux en putréfaction de nos ennemis terriens.

La Réponse terrienne

Le mot intelligence se repère au troisième mot du message, par sa longueur et sa lettre redoublée. Il livre les lettres INTELGNC. De proche en proche, le reste devient clair.

La subtile intelligence des terriens aura raison de la logique brutale et limitée des primitifs klingons.

Un héros handicapé ★

XIII, le prestigieux héros dessiné par William Vance et scénarisé par Jean Van Hamme, souffre d'un grave handicap qui rend difficile son identification.

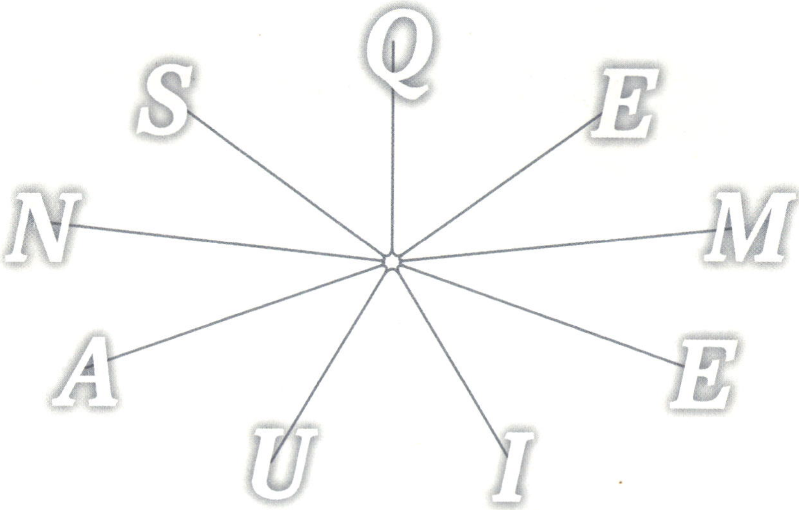

Sautez régulièrement de lettre en lettre.

Quel handicap ?

Le voilier ★★

Un voilier ayant traversé l'Atlantique avec des immigrants joue un rôle dans les aventures de XIII.

Lisez le voilier en suivant des faces qui se touchent.

Quel voilier ?

XIII et ses multiples ★★

Les vingt-trois premiers multiples.

Quel multiple manque ?

Le masque de XIII ★★

Le polygone à treize côtés masque une partie de la rencontre de deux cercles, d'un carré et d'une droite.

Imaginez les zones sous le polygone.

Combien de zones ?

La mémoire des Antiques ★

Dans un épisode que ses chroniqueurs n'ont pas encore relaté, l'amnésique reçoit un message codé dans le sévère Nug-soth, le langage des Antiques que fréquentait Lovecraft.

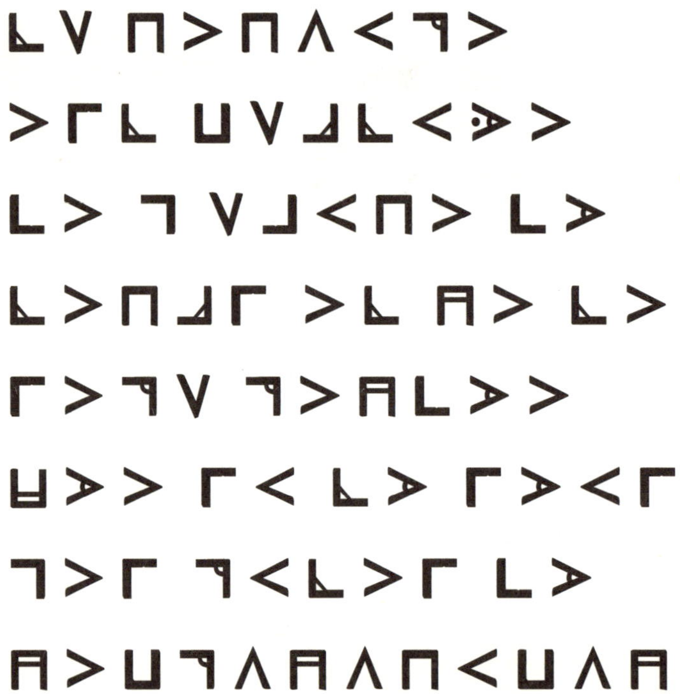

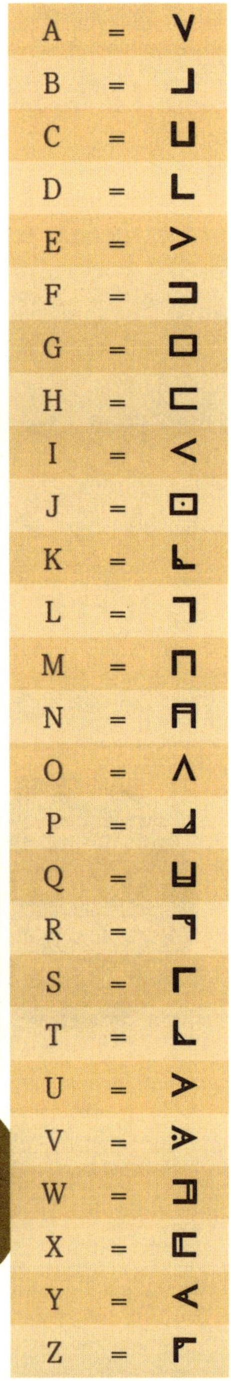

Quel message ?

Appliquez le Nug-soth.

Les Antiques interviennent ★★★

Les Antiques manifestent leur intérêt pour l'amnésique mais en bouleversant les correspondances du Nug-soth.

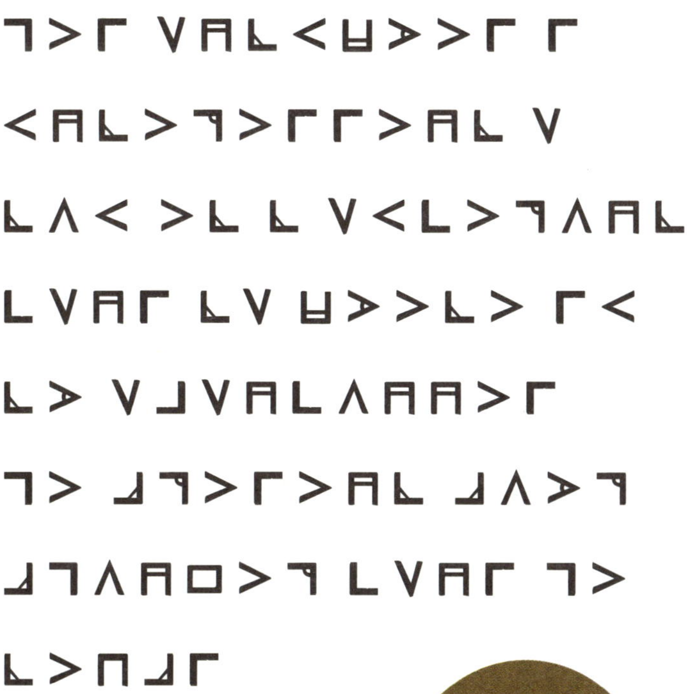

Que disent les Antiques ?

Indice : les Antiques sont mentionnés.

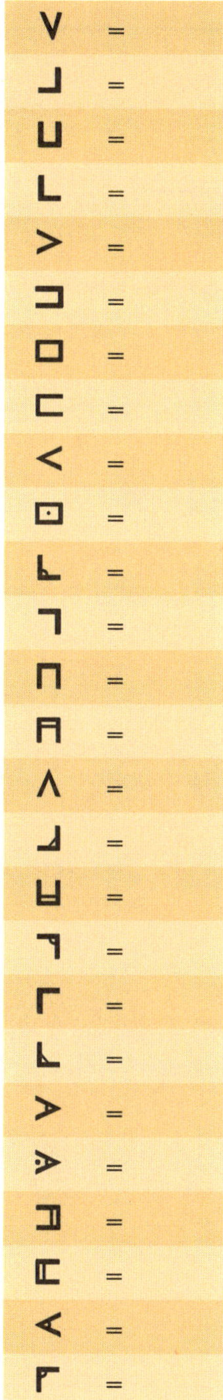

Logique, non ? ★★

Ce titre d'une pièce de théâtre de Hervé Le Tellier concerne directement XIII.

U	E	L	R	I	B	N	E	S	I	Q	U	E	D		N	N	O
N	T	S	I	A	M	N	E	V	E	C	U		S		I		O
L	B			A	E	L											

Tombez verticalement chaque lettre dans sa case.

Que dit ce titre ?

Les vrais faux menteurs ★★★

Comme cela arrive à presque tous les espions, XIII se trouve en rêve au pays de tous les menteurs, qui abrite toutes les sortes de menteurs.

Il y a en effet trois populations, indistinguables physiquement :

- les vrais-vrais, qui ne mentent jamais,
- les faux-faux qui mentent absolument toujours
- les faux-vrais, qui mentent une fois sur deux.

Il rêve qu'il est très important pour sa mission de savoir déterminer qui est qui en posant d'habiles questions.

Saura-t-il résoudre son rêve ?

Deux bonnes questions suffisent.

Quelles questions ?

Un héros handicapé

Le héros est amnésique.

Le voilier

Le Mayflower traversa l'Atlantique en 1620.

XIII et ses multiples

169 manque, le treizième multiple.

Le masque de XIII

Les cercles, la droite et le carré définissent dix zones.

La mémoire des Antiques

Ta mémoire est captive de l'abîme du temps et ne te sera rendue que si tu suis les rites du Nécronomicon.

Les Antiques interviennent

Deux mots sont candidats à représenter ANTIQUES : le deuxième et le neuvième. Seul le deuxième mot livre des lettres cohérentes avec le reste du texte.

Les antiques s'intéressent à toi et t'aideront dans ta quête si tu abandonnes le présent pour plonger dans le temps.

Logique, non ?

Les amnésiques n'ont rien vécu d'inoubliable.

Les vrais faux menteurs

Il suffit qu'il demande DEUX FOIS à chaque habitant : *êtes-vous un faux-vrai ?*

Un vrai-vrai répondra deux fois non.

Un faux-faux répondra deux fois oui.

Un faux-vrai répondra une fois oui et une fois non.

Philippe Rondot

Arrestation et exfiltration ★

Philippe Rondot, général de division de l'armée française est un authentique espion, vivant à la date où sort ce livre. Bien qu'il soit retraité des services secrets, il fait toujours l'actualité à cause des affaires sensibles dans lesquelles il est intervenu et qui font encore la une des journaux.
Son plus haut fait d'armes est d'avoir capturé à l'étranger et ramené en France le terroriste international Ilich Ramírez Sánchez.

Le surnom célèbre du terroriste arrêté est sur ce cristal.

Quel surnom ?

La Santé troublée ★★

C'est à La Santé que Philippe Rondot réussit à mener le terroriste capturé. Que représentent les bouleversements de l'image de la prison ?

Suivez les trajets et les échanges de cases.

Quel symbole ?

Smiley très britannique ★★

Tout porte à croire que Rondot a été en contact avec Smiley par code interposé. Le système était celui de la grille à trous de 6 sur 6. Heureusement pour Rondot, d'autres services avaient intercepté la grille.

FSTRIC OIABNC
LOEALA LVNAIB
IMOPRE CSOSAS

Que dit Smiley ?

Imaginez les rotations de la grille.

Masquées par le carnet ★★

Philippe Rondot a une manie bien connue : il note toutes ses actions dans ses carnets. Ici, son carnet masque en partie la rencontre de deux cercles, d'un carré et d'une droite.

Imaginez les zones sous le carnet.

Combien de zones au total ?

Le QI de l'espion ★★

Dans cette marguerite se loge une phrase prononcée par le général Rondot au procès Clearstream.

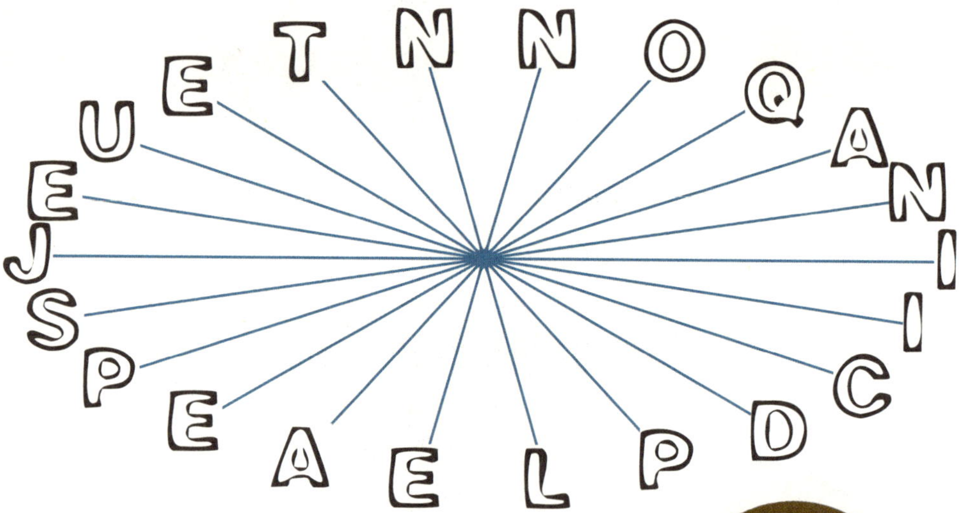

Qu'a dit Philippe Rondot ?

Lisez en sautant régulièrement de lettre en lettre.

Son premier service secret ★

En 1965, il entre au Service de Documentation Extérieure et de Contre-Espionnage, dont le sigle peut se lire ici de plusieurs manières.

Suivez les lettres qui se touchent.

Combien de SDECE ?

Philippe Rondot

Autre exfiltration ★★

Philippe Rondot réalise un exploit remarquable en Moyen-Orient dans les années 1990.

T	R	C	E	E	D	O	I	G	E	N	E	R	A	S	F	M	L
A	L	E	R	E	N	U	U	V	B	A	N	A	I	X		C	I
I	H	T	T	I	A	N	L	I	E	R	S		E	L		I	H
C	E	A	L		A	L		N	E		L		L	A		F	R
R	N		I		O			S									

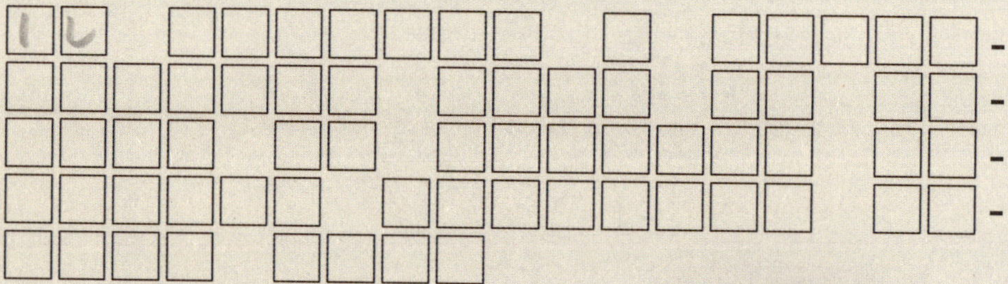

Qu'a-t-il réalisé ?

Tombez chaque lettre verticalement dans sa case.

Le bar du bout de la logique ★★★

Les missions de Philippe Rondot, connues ou si secrètes qu'elles ne seront jamais publiées, l'ont amené à parcourir le monde jusqu'à des pays extrêmement éloignés et bizarres.

Dans un de ces pays, eut-il eu le temps d'aller un peu plus loin que sa mission ne le demandait, il aurait pu entrer et tenter de consommer au Bar du Bout de La Logique.

À ce barman du bout du monde, il aurait pu commander par exemple un café et inviter le barman à se joindre à lui.

Or le barman lui aurait répondu, comme il a l'habitude de répondre à tous les nouveaux venus, et même de rappeler aux habitués :

- Monsieur, je sers exclusivement du café à ceux qui ne se font pas leur café eux-même.

Ils sont seuls et il est impensable que Philippe Rondot passe de l'autre côté du bar.

Partagera-t-il son café ?

Explorez les possibilités.

Arrestation et exfiltration

Le terroriste est mondialement connu sous le pseudonyme de CARLOS.

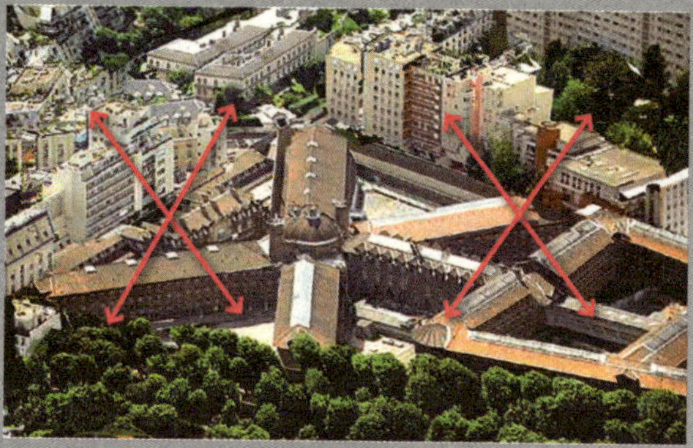

La Santé troublée

XX : secret défense absolu !

Smiley très britannique

Collaboration impossible avec français.

Masquées par le carnet

Dix zones sont délimitées par les deux cercles, le carré et la droite.

Le QI de l'espion

En lisant de 3 en 3 à partir de J :

Je n'ai pas un QI de pétoncle.

Son premier service secret

Le S du sud-est n'aboutit à rien. Celui du nord-ouest donne 4 SDECE et chaque autre 2 SDECE, d'où un total de 12.

Autre exfiltration

Il réalise l'exfiltration vers la France du général chrétien libanais Michel Aoun.

Le bar du bout de la logique

La situation est inextricable et le barman ne peut se servir un café pour boire avec Philippe Rondot. Il s'agit d'une réincarnation d'un vieux paradoxe classique ou un barbier rase « tous ceux qui ne se rasent pas eux-mêmes ».

Jean-Baptiste Adamsberg

Le métier de l'auteure ★

Le commissaire de police a été créé par l'auteure Fred Vargas, dont le vrai — ou précédent — métier est gravé sur (et dans) ce verre.

Quel métier ?

Suivez les faces qui se touchent.

Des loups-garous ? ★★★

Dans *L'Homme à l'envers*, combien Adamsberg affronte-t-il de véritables loups-garous ? La réponse est codée dans ce fragment d'une gravure de Cranach.

Suivez les trajets des carrés déplacés.

Combien de loups-garous ?

Le comédien à l'écran ★★

Le cercle porte le nom du comédien qui incarne Adamsberg à l'écran.

Sautez régulièrement à partir d'une lettre bien choisie.

Quel comédien ?

Les cercles bleus ★

Comme son titre l'indique le roman *L'Homme aux cercles bleus* affronte Adamsberg à de mystérieux cercles bleus.

Distinguez les différentes nuances.

Combien de bleus différents ?

La scytale réapparaît ★★

En un lieu plus qu'incertain, le commissaire est au contact d'une communauté si traditionnelle et si coupée du monde que ses membres cryptent leurs messages par une antique méthode grecque lacédémonienne. Ils entourent une bande de cuir sur un bâton, écrivent horizontalement le texte sur le cuir puis déroulent la bande. Cela produit une suite de lettres difficile à interpréter si l'on n'a pas la bonne taille de bâton où l'enrouler. Ainsi la phrase « Étrangers respectez nos coutumes ancestrales », écrite sur un bâton où la spire de cuir vaut 5 est figurée au-dessus et donne ce résultat :

ESETETRZUSRENMTASOERNPSSAGECALECONERTUCS

À vous de décoder cette autre bande, réalisée sur le même bâton :

AZSETLTRSDNOOGROEZSETLTRSDNOOGROE

Reconstituez l'enroulement sur le bâton.

Quel est le message ?

Retour de bâton ★★★

La réponse du commissaire ne se fait pas attendre.

Il la code avec son propre bâton de voyageur.

HUSEROETETGSGSAENASMALEERETSTE

Indice : le bâton d'Adamsberg est légèrement différent.

Quelle est la réponse ?

Avertissement ★★

Les murs de la ville se couvrent jour après jours d'inscriptions inexpliquées et incompréhensibles. Comme la symbolique des nombres semble jouer un rôle important pour leur auteur, on peut penser que l'association des septième et treizième mots par ordre alphabétique a un sens.

Certaines manifestations malignes doutent et hésitent encore à entrer dans la cité mais bientôt maisons ou écoles se rempliront des miasmes du remords, ce sera le début de vos châtiments

Lisez dans l'ordre alphabétique.

Quel est le sens caché ?

Le château ★★

Tout indique qu'il faut poursuivre l'enquête dans un château historique, mais le morceau de papier replié où son nom était inscrit s'est mouillé et seules quelques empreintes des faces pliées sont lisibles. Heureusement, toutes les lettres sont présentes.

Imaginez les faces repliées.

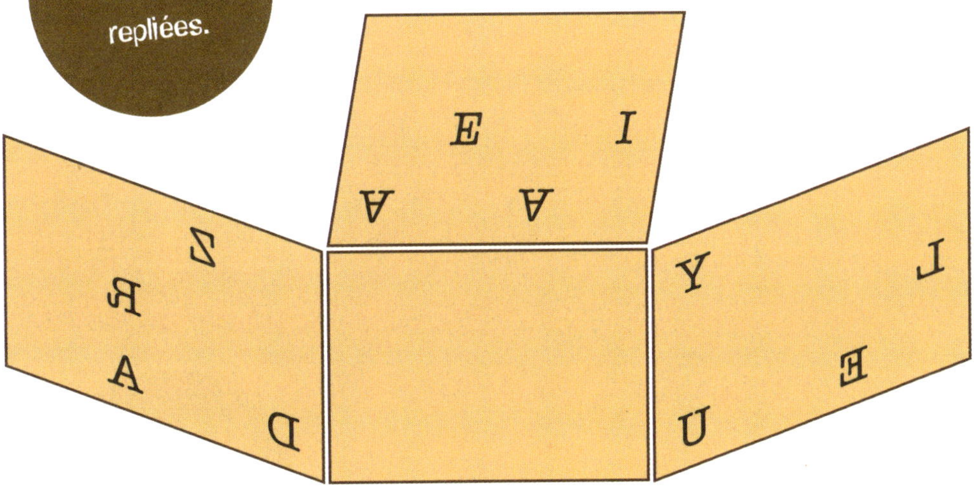

Quel château ?

Un aphorisme ★★

Fred Vargas fait dire à Adamsberg une phrase qui n'est pas sans rapport avec ce que dit plus haut Alphonse Bertillon.

Q	U	E	N	D	D	O	J	A	C	L	S	S	R	E	N	E	N
Q	E	A	S	T	I	E	N		P	O	A	E	T	U	P	O	
O	U		A			O	N				E				Q	U	
S	N																

Que dit Jean-Baptiste ?

Tombez chaque lettre verticalement dans sa case.

Dans les bois éternels ★

Le cerf qui rôde dans les lieux où Adamsberg tente de percer les mystères des bois éternels masque ici la rencontre entre deux droites et deux cercles.

Imaginez les figures sous la tête.

Combien de zones sont délimitées ?

Le métier de l'auteure

Fred Vargas est ARCHÉOLOGUE, un curieux rapprochement avec Agatha Christie, épouse d'un archéologue.

Des loups-garous ?

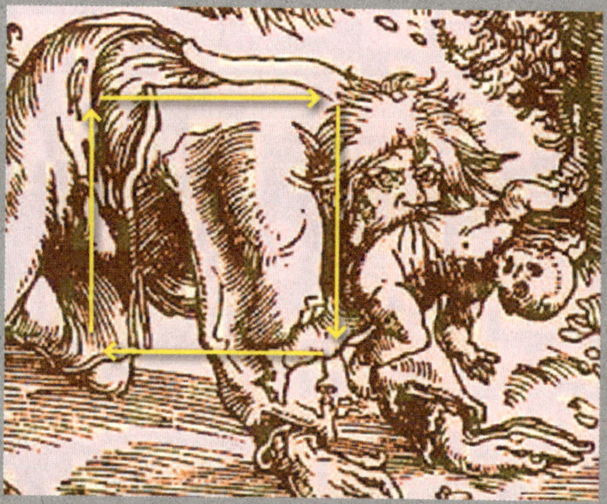

Adamsberg affronte en fait 0 loup-garou.

Le comédien à l'écran

Jean-Hugues Anglade

Les cercles bleus

Il y a 7 nuances différentes.

Amis daltoniens : désolé !

La scytale réapparaît

Adoptez notre sagesse traditionnelle.

Retour de bâton

Une spire de longueur 4 donne la solution :

```
H   E   L   A   S   T   O
  U   T   E   S   A   G   E
    S   S   E   M   E   S   T
      E   T   R   A   N   G   E
        R   E
```

Hélas, toute sagesse m'est étrangère.

Avertissement

Les 13 premiers mots par ordre alphabétique sont :

bientôt ce certaines châtiments cité *dans* de début des doutent du *écoles*...

7 et 13 peuvent indiquer qu'un événement surviendra « dans écoles »

Le château

A	Z	A	Y
L	E	R	I
D	E	A	U

Un aphorisme

Quand on pose une question, c'est qu'on a déjà la réponse.

Dans les bois éternels

Les figures délimitent 10 zones.

Déjà paru aux éditions First :

978-2-7540-3804-1

17,95 €